ジョン・コールマン博士

陰謀の彼方へ
見えない世界政府の正体を暴く

OMNIA VERITAS

ジョン・コールマン

ジョン・コールマンは、イギリスの作家で、元秘密情報局のメンバーである。コールマンは、ローマクラブ、ジョルジオ・シーニ財団、フォーブス・グローバル2000、宗教間平和コロキアム、タヴィストック研究所、黒人の貴族など、新世界秩序のテーマに近い組織についてさまざまな分析を行っています。

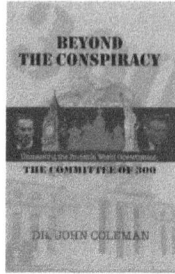

陰謀の彼方へ
見えない世界政府の正体を暴く

BEYOND THE CONSPIRACY
Unmasking the Invisible World Government

オムニア・ヴェリタス・リミテッドが翻訳・発行しています。

© オムニアベリタス株式会社 - 2022

OMNIA VERITAS®

www.omnia-veritas.com

出版社の免責事項

一部の文章や段落は繰り返されています。本書は、その
ほとんどが論文をまとめたものであるため、繰り返しが
少なくても、その主題の理解を害することはないと確信
し、そのままにしてある。

序文

2007年1月に第4版が出版された拙著『陰謀家の階層』（3
00人委員会の歴史[1]）は、すでに読者に馴染んでいただけ
たと思う。また、本書の範囲を想像するのは難しいかも
しれません。実は、私たちの身近な体験から切り離され
、限られた知識のために理解することができない、手の
届かない存在に見える事象を理解するための十分な手段
を持つ人は、一般人にはほとんどいないのです。そのた
め、私たちは「そんなはずはない」と勘違いしてしまう
のです。このような背景から、一般の人々は、国や世界
の他の地域で起こっている、ほとんどが悪い方向への取
り返しのつかない変化を確実に見ることができず、陰謀
の結果であると考えることもできず、ましてや、それが
あらかじめ定められた激変をもたらす意図的な計画の一
部であることを理解し始めることはできません。こうし
た意図的な変化は、大多数の人がそう思っていないため
、認識されていません。家族生活の継続の終わり、何世
代にもわたって「家族の一員」であった仕事（例えば自
動車工場）の喪失、友人や教会など慣れ親しんだ快適な
ものを残して、大好きな地域から強制的に引っ越させら
れることなどです。一般の人は、このような人生の激動
や歪みを、偶然以外の何ものでもないと思っている。彼
は何も知らないし、自分に起きていることが単なる偶然

---

[1] *陰謀者たちの階層、300人委員会の歴史、*オムニア・ヴェリタ
ス・リミテッド、www.omnia-veritas.com。

だとは思えないのだ。

また、ブランディス判事の伝記作家であるジェイコブ・マス博士は、「秘密結社は、人が回想録を書くのに適した時代になるまで、決定的な情報を得ることが非常に困難な密約が交わされる」と述べている。

歴史上、多くの国の平均的な男性は、生計を立て、家族を養い、それらを実現するための仕事をすること以外に、ほとんど、あるいは全く時間を割くことができないことがよく指摘されてきた。そのため、政治や経済問題、戦争や平和など、自分や国民の生活に関わる重要な事柄には、ほとんど時間を割くことができない。

各国政府はそれを知っている。多くの異なるフロント組織の背後で活動する高度に組織化されたグループも、常に市民より優位に立っているようだ。一般人は知らないし、これからも知ることはないだろうが、歴史上の大事件はすべて、完全な思慮分別を持って取り囲んだ人間によって秘密裏に計画されているのである。ジェラール・エンコース博士は、1914年4月14日の著書『ミステリア』の中で、このように表現している。

> 各国の国際政治と並行して、ある種の無名の組織が存在する。これらの会議に参加しているのは、プロの政治家でもなく、華麗な衣装をまとった大使でもなく、無名の偉大な金融家たちであり、自分たちが世界を支配していると思い込んでいる虚栄心の強い刹那的な政治家よりも優れているのだ。

イギリス東インド会社のメンバーは、そのような集団であった。その前身は、マニ教バビロンに端を発するカタル、ボゴミール、アルビゲンスであり、イギリスだけでなく全世界の支配者となったのである。歴史上、共通するのは人間が支配を欲することである。どんな社会構造を調べても、支配欲の強い特定の個人が集まり、秘密結社を組織することがある。このような社会を暴露しよう

とする者は、それゆえに自分自身を危険にさらすことになる。

これは、300人委員会がその存在を大勢のアメリカ国民から隠すことに成功し、今や彼らが公然と陰謀を行うことを恐れない理由の一つである。どうやら、少数の研究者は、連邦準備銀行がその一つに過ぎない「ローカルレベル」の機関の活動を監督・調整する、より高いレベルの調整・統制機関が存在するはずだと考えているようだ。それらは、一般に「秘密結社」という名で括られていた。

本書の目的は、陰謀を越えて、これらの秘密結社の扉を開き、人類が本当は誰によってどのように支配されているのかを知ることである。

＊　＊　＊

私の作品に対する攻撃を克服するために多くの友人や支持者が私を助けてくれたこと、そして困難な時に財政的な支援を惜しまなかったことに感謝している。

本書は、1972年にイタリアのベラジオで開催された「宗教間平和コロキアム」という誤った名称の会議の参加者に明らかにされた、一つの世界政府の基本計画について書かれたものである。平和基本計画と名付けられたこの計画は、まずユーゴスラビアを国家として崩壊させるために実施された。だからこそ、本書の大半は、主権国家や主権民族に対する将来の行動の「モデル」として、そこで起こったことについて書かれているのである。

イラクは、一つの世界政府の軍事力によって侵略される最後の国になるかもしれない。ユーゴスラビア征服の教訓から、ミロシェビッチ政権を倒した計画は、今後、反抗的な政府を屈服させる方法だというのが、陰謀ウォッチャーたちの見方である。したがって、近年行われたユーゴスラビアを破壊するために採用された方法論と戦略

の詳細な研究は、最も重要なものである。

John Coleman博士、2007年9月

第1章

汎神論的・神話的なグローバリストの台頭

それから約300年後、その最たるものが、ロックフェラー＝スタンダード・オイル王朝を所有・支配するロックフェラー家であった。このネットワークを利用して、「300人」がルーズベルトを通じてフェビアン社会主義の「ニューディール」を導入し、アメリカ国民から金を取り上げることになったのである。これらの家系の多くは、表向きはキリスト教を公言しながらも、汎神論者、グノーシス派、バラ十字派、神性世界主義者であった。彼らの思想は、明らかに社会主義的であった。

このことは、これらの家族の祖先が、アナバプティストやウィクリフ・ロラード派に遡ることができることを考えるとよくわかる。彼らは、共産主義という教義はまだ存在していなかったが、政治的には明らかに共産主義者であった。彼らの中には、異端審問の際にバルカン半島から新大陸に逃れたボゴミール人の要素や、ロシアのヴォルガ川下流域に住んでいたインド・トルコ系の蛮族ハザール人の子孫も多く、ドンスコイ公を中心とするモスクワ諸侯によって追い出されたと考える学派がある（*Encyclopaedia Britannica,* 1915年）。

ロックフェラー一族やアスター一族は、小アジアからアメリカに渡ってきたと言われているが、この異民族・異文化の混交は、マニ教に遡るものである。(*ロックフェラー国際主義者*、エマニュエル・ジョセフソン 1952年）。

王政から勅許を受けた東インド会社や、その後継のイギリス東インド会社の男たちは、かつてキリスト教福音派に補助金を与えていた。ロックフェラーとその仲間たちは、福音主義キリスト教を宣伝して、その本心を隠した。その本心とは、アメリカで政治的権力を獲得し、さらに世界中で権力を獲得することであることは、昔のジョン・D・ロックフェラーが証明している。

アメリカでは、イギリス東インド会社出資のキリスト教原理主義者ジョン・ネルソン・ダービーが「ディスペンセーション主義」の名で、中国内地伝道庁に支持され、南アフリカでは、アングロ・ボア戦争前に、政治的干渉で1899年に戦争を誘発したロンドン宣教師協会に支持されたのだ。これらのキリスト教組織は、いずれも潤沢な資金を有していたようだ。クエーカー教徒は独立戦争中に共産主義的なコミューンを設立し、ウィリアム・アルドリッチ（ネルソン・アルドリッチ・ロックフェラーの祖先）から多額の資金援助を受けていた。

ロスチャイルド一族は、米国に中央銀行を設立しようとする主要な陰謀者であり、そのような組織を禁止している米国憲法に明らかに違反している。連邦準備銀行の設立は、300人委員会のアメリカに対する支配が強化されたことを意味します。

それはアメリカの外交政策に従い、アメリカが19世紀に行った戦争（1898年の米西戦争や現在のいわゆる対テロ戦争など）は、カルテルの世界経済に対する支配を拡大することに成功した。米国で中央銀行の設立に成功しなければ、1912年以降に行われたすべての戦争の資金調達は不可能であっただろう。アメリカの南北戦争は、アメリカ経済の支配権を決めるために戦われた。奴隷制の問題はあまり重要ではなく、北部は奴隷制をほとんど気にしていなかった。北軍の将軍には奴隷所有者が多く、エイブラハム・リンカーンの妻リンカーン夫人もそうであ

った。南北戦争は、他の戦争と同様、経済的な問題をめぐって争われた。奴隷制度は赤信号で、戦争の根本的な原因ではありません。アメリカ人は、政府への信頼に簡単に騙され、この悲惨な戦争の本当の原因を知りませんでした。

もう一度はっきりさせておきたいのは、すべての戦争は、その起源と目的において経済戦争であるということだ。南部には、南北間の経済的な問題から、市民が望めば分離独立する権利があった。アメリカが「唯一の超大国」という国際的地位を築いたのは偶然であり、意図したものではないという意味である。反対意見を主張すると、「陰謀論」の犠牲者だと嘲笑される。

アメリカ人が、利己的な個人や組織は共通の目的を達成するための陰謀に協力することができないと信じていることは心強いことです。J.P.モルガンがアメリカの鉄道会社のオーナーを引き合わせ、非競争契約を結んだのは偶然ではない。*実は、これは陰謀だったのです。*アメリカの戦争はどれも事故ではなく、公表されるよりもはるかに多くの利益を生んでいたのです。アメリカは第二次世界大戦末期にドイツと日本の戦利品を何十億ドルも没収した。トルーマン大統領は、これを一般に明らかにせず、敵対関係終了時に本国へ送り返さないという意識的な決断をしたのだ。それどころか、昔も今も、秘密工作の資金として使われている。

20世紀の最初の10年間、セオドア・ルーズベルトの聖戦によって、嫌われ者のトラストが解体されたという考えが広まっているが、確かに根拠はない。ルーズベルトが「大企業」に対する公然の姿勢を利用して、攻撃対象の実業家から選挙資金を獲得していたことは間違いない。そのためか、後に同じビジネスマンに対する刑事罰を撤廃する法律に署名した。これは「リベラル」「保守」「進歩的」なアメリカの大統領に共通することである。フ

ランクリン・D・ルーズベルトは、世界恐慌を終わらせた社会的弱者の代表として記憶されることを望んでいた。彼は、受益者への逆進性の高い税金を財源とする国の社会保障制度を確立した。企業のマッチング拠出は税引き前の事業費として控除することが認められたが、これは、失われた税収から企業負担分を賄うことで、プログラムの逆進性を拡大させただけであった。ルーズベルトは優れた政治家であり、実行する気のない改革案に対して地滑り的な勝利を収めた。

実際、彼は国家経済の緊急事態を宣言し、その権力に対する法廷での憲法上の挑戦を回避することで、逆のことをしたのだ。彼は早速、国債契約の金条項を無視し、1934年に為替安定化基金（ESF）[2] 。表向きは外国為替市場におけるドルの安定を促進するためだが、議会の説明責任を免除され、大統領と財務長官だけに責任がある。つまり、連邦政府の信用を引き出すことができる無申告基金であり、違憲で非常に危険な行為である。

ESFの設立は、1914年に連邦準備制度が設立されたのと同じ論理の延長線上にあったのである。後者の連邦準備制度も、1907年の大暴落という危機に対応して作られたものである。ウォール街の伝説的人物、J.P.モルガンの天才と愛国心が国を救った。実際には、この暴落と不況によって、モルガンは競争相手を排除し、その資産を買い占め、その過程で、ウォール街とモルガンの国際銀行がいかに強力であるかを、国内外に明らかにすることができた。

しかし、すべての人が感謝したわけではない。中には、連邦政府の信用と国家通貨制度を国民の監視と統制のもとに置くための立法措置を要求する人もいた。政治的手

[2]為替安定化基金、Ndt.

腕のキャンペーンで、この目的のために1912年に連邦準備制度が議会法によって創設されたのである。しかし、銀行が所有する民間企業として設立することで、議会は事実上、それまで以上に強い立場を銀行に譲り渡すことになった。今日でさえ、連邦準備制度が、名目上規制している利益団体によって所有されている民間企業であることは、あまり理解されていない。

このように、米国における連邦信用通貨制度の統制と、そこから流れ出る豊富な特権的情報は、国民の目から隠され、秘密裏にコントロールされており、それが連邦準備制度理事会議長のスフィンクス的性格を一部説明するものである。これらの機関は、米国憲法に公然と反抗して設立され、陰謀を隠す必要がなくなったことを大胆に示していることは、一般に理解されていない。連邦準備制度が違憲で、したがって違法な組織であることを認めたのは、議会でたった一人です。

ルイス・T・マクファーデン下院議員はその人だった。彼は、連邦準備制度がアメリカ国民から何十億ドルも盗んだとして、その返還を求める訴えを起こした。しかし、マクファーデンは裁判になる前に殺されてしまい、何も解決しなかった。連邦準備制度と並ぶもう一つの違憲行為は、1949年のCIA法で、CIAが"政府資金の支出に関する法律や規則の規定に関係なく"好きなだけお金を使うことができる予算メカニズムを作り出したものだ。要するに、CIAは国家安全保障法の壁の向こうで、合法であれ違法であれ、どんなものにも資金を提供する方法を持ち、議会はこの違憲の組織が権限を簒奪するのを傍観し、このような嘆かわしい米国憲法違反と権限の喪失を止めるために指一本動かすことなく許しているのだ。

第2章

麻薬取引

麻薬取引と株式市場に正の相関があるなんて、ほとんどの読者は不思議に思うかもしれないが、よく考えてみてほしい。1990年代後半、米国司法省は、米国の銀行システムに入るこの取引の収益は、年間5000億ドルから1兆ドル、すなわち国内総生産（GDP）の5〜10%以上に相当すると推定しているのだ。犯罪の収益は、合法的な、つまり合法的な経路を見つけなければならず、そうでなければ、その保有者にとっての価値はないのである。また、銀行が処理する際に1%の手数料を受け取ると仮定すると、銀行が麻薬関連行為から得る利益は50〜100億ドルのオーダーになる。

この数字に、現在のシティグループの市場倍率である約15倍を当てはめると、時価総額は650億ドルから1150億ドルとなる。つまり、違法薬物取引が金融サービス業界にとっていかに重要であるかということがよくわかるのです。この違法な利益の取引は、テキサス、ニューヨーク、フロリダ、カリフォルニアの4州、あるいはダラス、ニューヨーク、アトランタ、サンフランシスコの4連邦準備銀行に集中していることが判明したのだ。司法省が知っていても、連邦準備制度理事会がこのことを知らないと本気で思っていいのだろうか。結局、フローを管理しているのは彼らであり、そのフローがどこから来ているのかを知らなければならないのです。

連邦準備制度理事会が沈黙している理由の一つは、拙著「*麻薬取引*」の中で詳しく説明しているように、政府の

機関そのものが60年以上も麻薬取引に関与してきたこと
です。CIAなどが使う闇予算を理解するためには、海外で
の戦略的な目的を追求するために、アメリカの麻薬の消
費市場を輸出業者に開放するというアメリカの慣行を知
っておく必要がある。麻薬は携帯性に優れ、生産から販
売までの間に価格が大きく上昇するため、特に諜報活動
の資金源として有用である。最も重要なことは、医薬品
の販売による収益が、従来の、そして憲法上の資金ルー
トから完全に外れているということだ。そのため、コロ
ンビアからアフガニスタンまで、世界中の紛争地帯で麻
薬が取引されていることも一因となっている。例えば、
アフガニスタンでNATO軍の関与による敵対行為が始ま
って以来、ケシの栽培と生のアヘン生産は年間3,000トン
から6,000トンに増加した。

しかし、麻薬の売買が地域社会や経済に与える影響につ
いては、ほとんど研究されていません。例えば、不動産
市場や金融サービスへの影響について考えてみましょう
。不動産業は、マネーロンダリングに関する規制が全く
ないため、麻薬販売で得た余剰資金を利用するには魅力
的な業種である。現金は身近な決済手段であるため、大
金を簡単に処分することができる。その結果、地域の需
要に大きな歪みが生じ、不動産投機とその資金調達のた
めの信用需要が増大し、投機や不正の機会も多く提供さ
れることになる。

1980年代のイラン・コントラ騒動はこうした要素をすべ
て含んでいた。多くの人は、イランへの武器売却が、ニ
カラグアのCIA支援のゲリラやエルサルバドルの死の部隊
の資金源となっていることを知っているが、地元の金融
機関や米国の銀行セクターの麻薬販売が、「違法」活動
で生じた現金を活用し、同時に資金洗浄を可能にしてい
ることにはあまり気づいていない。そして、銀行が破綻
すると、株主、無保険の預金者、納税者がそのツケを払
うことになる。麻薬取引は、経済活動に従事するインセ

ンティブよりも、非経済活動に従事するインセンティブ
の方が大きいという環境を作り出しています。要するに
、コンプライアンスよりも盗難による利益の方が大きい
ということです。

政府の力とコンピュータ技術の進歩が相まって、過去40
年間、国家、ひいては国際的なキャッシュフローの管理
が容易になった。

第二次世界大戦でのアメリカの勝利は、1944年にブレト
ン・ウッズで交渉された国際通貨基金（IMF）に、欧米
全体とその従属国を取り込むことになった。それから45
年後、1989年のソ連邦の崩壊は、歴史上初めて、国際舞
台で他の通貨や政治の選択ができなくなったことを意味
した。大英帝国がアメリカに降伏したのは、まさにアメ
リカがポンドに代わるドルという通貨を提供したからで
ある。

現在、米国はドルを基軸とする多かれ少なかれ完全に閉
じた世界通貨システムを主宰している。実際、このシス
テム内の国々は、石油やガスなどの天然資源、製造品、
商品などの実質的な価値を、何もないところから作り出
された帳簿上の項目に過ぎないドルと交換する必要があ
る。これは、資産のない会社が希薄化した株式を現金と
交換することに例えられ、決して偶然の産物ではありま
せん。19世紀のJ.P.モルガン王朝が、アメリカの産業と金
融の統合を成功させるために好んで使った手法である。

その後継者たちは、同じようなことを世界規模でせっせ
とやっている。そしてそれは、陰謀という段階を越えて
、すべてオープンに行われているのです。米国は、その
ユニークな財政的コントロールのおかげで、結果の定か
でない高価な世界的軍事冒険に乗り出すことができる。
これは、50年以上に及ぶ継続的な公然・秘密戦の集大成
である。それは、歴史上最も洗練された金融機構によっ
て支えられており、表向きと裏向きのさまざまな活動に

よって生み出された現金を動員することができるのである。その代償として、米国経済そのものが徐々に空洞化し、市民の自由と法の支配が徐々に損なわれてきた。また、この共和国の終焉を意味する。

戦争はすべて作られた状況から始まる

戦争当事者は、政治プロセスにおいて事実上揺るぎない支配力を持つことで、概して米国の外交政策の支配力を維持することができた。それは、民主党と共和党をアメリカの有権者にとって唯一の選択肢とする二大政党制を支配することによって実現したのである。アメリカ国民が介入主義に反対したときでさえ、たとえば第二次世界大戦の直前のように、戦争推進派のエリートは政治プロセスを操作し、有権者に戦争推進派の候補者を一人ではなく二人紹介するように仕向けた。1968年、ベトナム戦争のさなか、周到に準備された代議員選考によって、ユージン・マッカーシーが民主党の大統領候補から外れた。大統領政治では、このシステムはジョージ・マクガバンのケースで一度だけ失敗し、それ以来、アメリカの外交政策の方向*性*について国民が投票する*必要がないよう*に、冷酷な効率で機能してきたのである。

そうやって、国民の反戦感情にもかかわらず戦争に突入し、現在のイラク占領は不要だという米国民の膨大な割合にかかわらず、戦争に留まり続けるのである。しかし、少なくとも一つの主要政党で戦争党の指導力保持が崩れ始めている兆しがある。このほころびは、草の根の反戦感情が、新旧を問わず民主党の活動家に活力を与え、病的な指導者にイラク占領反対の声を上げさせたり、大統領の最強の戦争支援者であるジョー・リーバーマン上院議員に加わらせたりしていることへの反応である。ブッシュがイスラエルを確実に支持しているからだと言う人もいる。実際、リーバーマンは王よりも王道派で、軍

隊撤退の考えは許されないと攻撃し、撤退の話は一切やめて、アメリカがイランを攻撃するよう要求しているほどだ。

民主党のリーバーマン派は、常に議論を制限し、議論を封じ、候補者と党の組織構造を選挙区レベルでコントロールし、介入主義や軍国主義に対する挑戦が下から出てこないようにすることを目指してきた。彼らは、今日の「ネオコン」の前身である最後のスクープ・ジャクソン民主党員であり、冷戦時代の多くの共和党員よりも好戦的で、政治は水際で止まるべき（つまり、外交政策は決して議論されるべきではない）、世界介入に賛成する大規模な超党派合意を永遠に無敵に続けるべきと常に主張していたのである。

新保守主義者は一般に共和党員のみと考えられているが、これは政治的、思想的傾向としての彼らの歴史を無視している。また、ジャクソンの側近だったリチャード・パール、ダニエル・P・モイニハン上院議員の元チーフスタッフ、ベン・ワテンバーグ、ジョシュア・ムラフチク、マーシャルといった「新ボルシェビキ」名士など、スクープ・ジャクソン民主党の背景も無視した発言だ。

独裁者を目指していたフランクリン・ルーズベルトでさえ試みなかった、宣戦布告なしに軍隊を海外に派遣する権限を持つという先例を作ったのは、もちろんトルーマンであった。

アメリカ共和国が帝国へと変貌を遂げ始めたとき、両党の指導者たちは、最高経営責任者に帝国的権限、つまり誰にも相談せずに戦争を行う権限を与えることが必要だと考えたのである。1950年、トルーマン大統領が米軍を朝鮮半島に派遣した時、この憲法の簒奪に異議を唱えた共和党員はわずか数人で、アメリカ人はいつかこれを許したことを後悔するだろう、と警告している。

「もし大統領が議会の承認なしに韓国に介入できるなら、マレーシア、インドネシア、イラン、南米でも戦争ができる」とロバート・A・タフト上院議員は言った。

いずれにせよ、最近のトルーマン民主党は大変だ。党の基盤、特にいわゆるネット・ルーツが、ベトナム戦争以来初めて本格的な影響を及ぼしているのだ。リーバーマンの熱烈な戦争支持は反発を招き、党内予備選に臨んだが、戦争を主要テーマとした大富豪ネッド・ラモントが着実に世論を伸ばしていた。ラモントはリーバーマンを抑えて党の候補者に選ばれたが、その後「無所属」として投票に参加するよう要請された。

リーバーマンの戦争支持は有権者には不評だったが、AIPACロビーから非常に多くの資金と支援があったらしい。彼はラモントを破り、さらに4年間上院に再選された。リーバーマンは、新しい「現在の危険委員会」の共同議長として、ネオ・ボルシェビキ運動の最も過激なグループのフロントマンを務めている。ジェームズ・R・ウールジー「第四次世界大戦」、ケン・「ケーキウォーク」アデルマン、フランク・ガフニー、ミッジ・デクターなど、米国のイスラエル支援が米国の政策で最も重要だと考える有力な戦争屋たちである。しかし、もちろん、「テロリスト」（すなわちイラクの反乱軍）は、軍事的に我々を打ち負かすことができる-
そして、打ち負かしつつある-。

現在の膠着状態を維持できる限り、彼らは勝利者なのだ。この戦争に対するアメリカ国民の失望は、嘘をつかれ泥沼に引きずり込まれたことに起因している。ディック・チェイニー副大統領の首席補佐官であった「スクーター」リビーの最近の有罪判決は、米国を2度目のイラク戦争に導いた嘘とごまかしがいかに広範囲にわたっていたかを示す臭い缶詰の幕を開けた。しかし、それは大きな

違いではありません。共謀者たちは、公然と展開される行動に乗り出しました。つまり、ブッシュ政権とそのパートナーであるイギリスは、もはや陰謀の段階をはるかに超えているのである。

オサマ・ビンラディンらの新中世主義が共産主義やファシズムのような大きな脅威をもたらすという考えは、表面上は馬鹿げている。国際共産主義運動は、その最盛期には、ソ連とその核武装衛星によって支援されている何百万人もの献身的なイデオローグを代表していた。地球上のほぼすべての国で、クレムリンの高度に訓練されたエージェントが、自分たちの目的のために扇動し、勧誘し、モスクワの要請に応じて立ち上がり、慎重さが求められるときには目立たないようにしていた。

一方、イスラム革命家は、そのような利点を主張することはできない。彼らはどこにも国家権力を持たず、彼らの支持者は主に中東と北アフリカに限られ、アフガニスタンと南アジアに小さな支柱があるだけである。さらに、世界的なイスラム教の「カリフ」による「新たな悪の帝国」という幻想は、あまり説得力のない厄介者である。機能不全に陥っているアラブ・イスラム諸国を統合することが無駄であることは別として、このいわゆる「カリフ」は西側諸国にとって何ら脅威にはならないだろう。イスラエルは、私が最後に地図を見たときには、西側に位置していなかったが、唯一の潜在的な敗者となるであろう。

ファシズムや国家社会主義との比較については、ナチス・ドイツはその最盛期には地球上で最も強力な戦争マシンを指揮していたのです。ヒトラーはヨーロッパの支配者であり、彼の軍隊はモスクワに進軍し、北アフリカを占領してドイツの覇権に対する抵抗勢力を包囲し、イギリスを攻撃する準備をしていたのである。

イスラム圏でそれに匹敵する勢力はどこにあるのだろう

か。ブッシュとチェイニーは、自分たちの党内の意見の流れに逆らって泳ぐ勇気を持った真実の英雄という、歴史小説のエピソードを生きているのだ。彼らは「民主主義」のための闘争の名において、現代の「平和主義者」と戦っている。彼らは、仄聞するところでは、密かに（あるいはそれほど密かにではないが）敵の味方であるために戦争を敵視しているのだ。

リーバーマンによれば、もし民主党が嘘に基づいて始まったこの無益な戦争に反対すれば、テロリストの勝利となる。なぜなら、我々はテロリストに「我々を分断し、政治的に敗北させる」ことを許したことになるからだ。戦争に反対なら、アルカイダを支持することになる。"この問題に関しては、ブッシュと同じように、多少激しさはあっても一貫しているリーバーマンのメッセージである。

ヒトラー主義やスターリン主義との闘いに似たこの壮大な戦いに従事しているというブッシュ＝チェイニーの見解は、アルカイダや中東について何も知らず、常識のかけらもない人々には全く通用しないのだ。共産主義もファシズムも、いくつかの国で権力を握った大衆運動であり、アメリカに対して通常兵器の攻撃を行うことが可能であった。

アメリカに宣戦布告したイスラム過激派は、小規模なゲリラ戦が可能な世界的反乱軍の前衛である（今のところ）。共産主義やファシズムの魅力は、アルカイダよりもはるかに大きい。アルカイダは、最も疎外された人々や、その大義に賛同する人々を集めることしかできないのだ。すでに熱心なイスラム教徒でない人は、イスラム教の過激派に改宗する人はほとんどいないでしょう。

第3章

クーデターの技法

クーデターに関する情報をもとに、現在起こっていることを理解するための議論をしましょう。

ウクライナからレバノン、キルギスタンまで、革命の図像はいつも同じだ。実際、レーガンやブッシュの下で政権交代を担当した諜報員の多くは、クリントンやブッシュの下で旧ソ連圏で進んで商売をしていた。例えば、マヌエル・ノリエガ将軍は、1989年にパナマで彼の権力喪失を交渉し、組織するために派遣された2人のCIAと国務省のエージェントがウィリアム・ウォーカーとマイケル・コザックだったと回想録の中で報告している。

ウォーカーは1999年1月、コソボ検証団長として、コソボ戦争の*契機*となった架空の残虐行為を人為的に作り出すことを監督し、コザックはベラルーシの米国大使となり、2001年に現職の大統領アレクサンドル・ルカシェンコを倒すために「コウノトリ作戦」を実行した。2001年、コザックは『*ガーディアン*』紙との手紙のやり取りで、ニカラグアやパナマでやったことと全く同じことをベラルーシでやっている、つまり「民主化の促進」だと堂々と認めている。現代のクーデターの手法には、基本的に3つの要素がある。これらは

> ➤ 非政府組織
>
> ➤ メディアのコントロール
>
> ➤ シークレットエージェント

両者の活動は事実上交換可能であるため、個別に扱うこ
とはしない。

セルビア2000 「ピープルパワー」。

欧米が秘密裏に影響力を行使して「政権交代」を実現し
たのは、スロボダン・ミロシェビッチの打倒が初めてで
はないことは明らかである。1997年のアルバニアのサリ
・ベリシャや1998年のスロバキアのウラジミール・メシ
アの打倒は、西側から大きな影響を受け、ベリシャの場
合、極めて暴力的な蜂起が、人々の力の歓迎すべき自然
発生的な例として紹介されたのである。国際社会、特に
欧州安全保障協力機構（OSCE）が、政治的変化を確実に
するために選挙監視の結果を不正に操作した典型的な例
であった。しかし、2000年10月5日にベオグラードで起こ
ったスロボダン・ミロシェビッチの打倒は、彼が非常に
有名な人物であることと、彼を打倒した「革命」がいわ
ゆる「人民の力」の非常に派手なデモンストレーション
であったことから重要である。

ミロシェビッチに対するクーデターの背景を、イギリス
のスカイテレビは見事に表現していた。この記録は、そ
の出来事を賞賛している点で貴重であり、また、イギリ
スやアメリカの諜報機関との幅広いコンタクトを誇って
いる点でも興味深い。ここでは、プログラムの一部をご
紹介します。

いずれの場合も、ジャーナリストは情報機関の主要人物
が誰であるかを知っているようだ。彼の記述には、「プ
リシュティナのMI6将校」、「ユーゴスラビア軍情報筋」
、「クーデターの組織化を助けていたCIAの人物」、「ア
メリカの海軍情報将校」等々、多くの言及がなされてい
る。このジャーナリストは、セルビア秘密警察の極秘監
視報告書を引用し、ミロシェビッチ排除の戦略を練って

いるロンドンの国防省の担当者が誰なのか、プリシュティナの英国外務大臣室がミロシェビッチ排除の戦略を練っていることも知っている。

NATOによる爆撃の際、エフゲニー・プリマコフ（ロシア首相）がベオグラードに同行したロシア諜報部員が誰であるかを知っている。英国大使館のどの部屋に盗聴器が仕掛けられ、外交官の会話を聞いているユーゴスラビア人スパイがどこにいるのかを知っている。米国下院の国際関係委員会のスタッフが、実は米国海軍情報部員であることも知っている。彼は、ランブイエでの戦前交渉のために、コソボからコソボ解放軍（KLA）の代表団をパリまで物理的に護衛したこと、そこでNATOがユーゴスラビアに拒否するしかないとわかっていた最後通牒を突きつけたことについて述べている。と、ミロシェビッチの権力崩壊に伴い、人々が互いに裏切ろうとする中、ロンドンとベオグラードの間で、極めて重要な秘密高官交渉の仲介役を務めた「ある英国人ジャーナリスト」のことを紹介している。

この報告書を貫くテーマのひとつは、知らず知らずのうちにジャーナリストとスパイの間にある微妙な境界線である。冒頭から「将校、ジャーナリスト、政治家の必然的なつながり」にさりげなく言及し、3つのカテゴリーに属する人々が「同じフィールドで働く」ことを主張しているのである。

さらに、「スロボダン・ミロシェビッチ政権を倒したのは、『国民』に『スパイ』、『ジャーナリスト』、『政治家』が加わったからだ」とジョークを飛ばした。彼は「国民」が関与したという神話にひっかかったが、彼のレポートの他の部分は、実際にはユーゴスラビア大統領の転覆は、彼を排除するためにロンドンとワシントンで意図的に作られた政治戦略によってのみ起こったことを示している。"とある。要するに、「ピープルパワー」と

は関係ないのだ。

そして何よりも、1998年、アメリカ国務省と情報機関が、スロボダン・ミロシェビッチを排除するためにコソボ解放軍を利用することを決定したことを、このジャーナリストは明らかにしている。彼は、ある情報筋の言葉を引用して、「アメリカの意図は明確だった。適切な時期に、彼らはKLAを使って政治的問題の解決策を提供するつもりだった」--

「問題」とはミロシェヴィッチの政治的存続のことである。これは、KLAのテロリスト的分離主義を支援し、後にユーゴスラビアと一緒に戦争をすることを意味した。このジャーナリストは、アメリカ海軍の情報将校であるマーク・カークの言葉を引用している。"結局、我々はミロシェビッチに対して、秘密裏に、そして表向きに、大規模な作戦を開始した "という。

その秘密作戦とは、コソボに派遣されたさまざまな監視団に英米の情報将校を詰め込むだけでなく、彼自身が認めているように、「麻薬密輸、売春組織、民間人殺害」を行ったKLAに軍事、技術、財政、物流、政治支援を行うことであった。要するに、KLAは凶悪犯と殺人者の集団だったのだ。

この戦略は、1998年末、「CIAの巨大なミッションが（コソボに）着手された」ことに始まる。ミロシェビッチ大統領は、コソボ州の状況を監視するために外交オブザーバー団の入国を許可していた。それは致命的なミスだった。

このアドホックなグループには、CIA、米海軍情報部、英軍特殊部隊、いわゆる「14連隊」（SASと並んでいわゆる「深層監視」を行う英軍組織）の隊員が直ちに加わり、英米の情報将校と特殊部隊で増強された。

この作戦の当面の目的は「戦場の情報準備」である。ウェリントン公爵がやったことの現代版で、敵と交戦する前に戦場をくまなく回って地形を把握することであった。ブリュッヒャー氏は、これは時間の無駄だと思ったが、それが間違いであることが分かった。つまり、「KDOMは公式には欧州安全保障協力機構が運営していたが、非公式にはCIAが運営していた……」と言うわけだ。組織は彼らでいっぱいだった…それはCIAの隠れ蓑だった。

アメリカ人もいろいろと疑問を持っているはずです。秘密工作は議会で承認されたのか、承認されたとすればどのような根拠で？もし承認されたのなら、それは合衆国憲法と矛盾しており、決して資金を提供されるべきではなかった。

ダイナコープ社はバージニア州にある会社で、主に「米軍やCIAのエリート部隊のメンバー」を雇っている。彼らは、後にコソボ検証団となるKDOMを諜報活動に利用した。彼らは与えられた監視任務を遂行する代わりに、全地球測位装置を使ってターゲットを特定し、NATOによる爆撃を受けるために出かけていったのだ。ユーゴスラビアは、高度に訓練された2000人の諜報員を自国の領土に放浪させるなど、理解に苦しむ。
特にミロシェビッチは、何が起こっているかを正確に知っていたのだから。（引用終わり）

コソボ検証団（KVM）の団長は、パナマのマヌエル・ノリエガ政権を追放するために派遣されたウィリアム・ウォーカーで、米国が支援する政府が死の部隊を運営していたエルサルバドルの元大使であった。ウォーカーは1999年1月、ラチャクの「大虐殺」を「発見」した。この事件は、プロセスを開始する口実となり、ドイツのヨシュカ・フィッシャー外相に「ラチャクは転換点」と呼ばせることになった。当時、この人たちは誰も信用していなかったし、彼らの行動とその後を照らし合わせると、さ

らに信用できなくなる。

ハーグの判事団は、ウォーカーの証言の重要性を強調するかのように、彼にほぼ2日間の証言時間を与えた。彼の「証言」は、NATOによるユーゴスラビア爆撃への道を開いた、いわゆるラチャクの大虐殺におけるミロシェヴィッチの役割の疑惑のハイライトとなるものであった。これに対し、ミロシェビッチ氏が証人への尋問時間を尋ねたところ、メイ判事は
"3時間、それ以上はダメだ。証人と口論するのを控え、質問を繰り返すのを控え、短い質問をすれば、もっと成果が上がる
*"*と答えた。このように、明らかに偏見に満ちたメイ氏の醜態は、他の状況であれば解任されてもおかしくないものだったが、カーラ・デル・ポンテ検事の目論見通りにはいかなかった。

ウィリアム・ウォーカーは、1998年10月13日にミロシェビッチと米国特使リチャード・ホルブルックが合意し、OSCEの監督下で設立されたコソボ検証団（KVM）の団長であった。ハーグに登場する前に、ウォーカーの武器査察官のうち、副官のカロル・ドレウィエンキェビッチ将軍とリチャード・チャグリンスキー大佐の2人が、NATO爆撃前のコソボでの出来事について証言していたのである。彼らはまた、Račakでの虐殺の疑いについても証言しました。ミロシェビッチの件はどうだったのですか？

1999年1月15日、セルビアの警察と軍隊のメンバーは、KVM査察団とメディアを伴って、ラチャックに潜伏していると思われるコソボ解放軍（KLA）の武装集団を待ち伏せ、警官3人を殺害する作戦を実施しました。軍はRačak、Petroovo、Malopoljce、Renajaに装甲兵員輸送車と大砲を送り込みました。その2日後、ユーゴスラビア軍とKLAとの激しい戦闘の後、ドレインキーウィッチとウォーカーはこの地を訪れた。ドレヴィエンキェビッチ氏は、「

ウォーカー氏から、この件では極めて妥協のない態度を取らなければならないとはっきり言われた」と道中の様子を説明した。到着すると、KLAは彼らを45体の死体がある渓谷に連れて行った。この「審査」には、セルビア政府の代表者は同席していない。

死体が発見されると、ドレヴィエンキェビッチ氏は「ウォーカーの助手が丘の上に走って行ってNATOに電話した」と証言した。その日の夕方の記者会見で、ウォーカーは「大虐殺があった」と発表した（3人の警官の死には触れず）。発表の少し前、ウォーカーがリチャード・ホルブルックに電話で「ディック、ノーベル平和賞とはおさらばだ」と言うのを聞いたとドレウエンキェビッチ氏は言う。ドレヴィエンキェヴィッチさんは、「虐殺というほど具体的に言っていることに、当時は驚いた」と付け加えた。しかし、彼の言うことには賛成です。

Walkerは、Drewienkiewiczが、その14時間前、1月15日の夜に、この地域でKLAと軍の間で戦闘があったこと、その3、4日前にこの地域で3人の警官が殺されたことを彼に知らせたことを認めています。また、1月15日、ラチャクで15人のKLA民兵が殺害されたという警察の報告も知っていたが、記者会見では「信じていない」と述べた。また、KLAの制服を着て死体の間を歩く姿も映っている。

ウォーカーは1月16日の記者会見で、死亡した警官やKLAには触れず、遺体はすべて民間人であると述べた。プレスリリースは「完全に私が作ったもの」だという。(6805ページ)

ウォーカーは自分が「犯罪現場捜査官ではない」（6801ページ）ことを認め、1月17日にその一人であるダニカ・マリンコヴィ判事が到着したとき、彼女に会うのを拒否した。証言の中で彼は、ホルブルックやNATO司令官のウェスリー・クラーク将軍が自分に話しかけたという記憶はないと言った。"後に私に話しかけたと言った何人か

*と自分が話したという記憶はない"*というのだ。

しかし、ウェスリー・クラークはウォーカーと話したことを記憶している。クラーク氏は、1月16日にウォーカー氏から電話があったことを自著で紹介している。

> "大虐殺
> "は見ればわかる。以前、中米に行ったときに見たことがあります。そして今、私は大虐殺を目の当たりにしている...40人が溝の中にいる、いやもっとかもしれない。彼らは戦闘員ではなく農民だ。手や服を見ればわかるだろう。しかも至近距離から撃たれている"

ウォーカーの証言は、事件の調査のために呼ばれたフィンランドの科学捜査班の調査結果によって否定された。チームはまず、ラチャク事件を大虐殺と表現するあまり、基本的な犯罪現場の手順が実行されていなかったことを批判した。事件から3日後、フィンランドのフォレンジックチームは、事件現場が不正アクセスを防ぐために隔離されたことは一度もなかったと報告した。と報告されています。

> 欧州安全保障協力機構（OSCE）と欧州連合（EU）、または報道機関。

> その他、死亡した被害者のうち、女性は1名のみという結果も出ています。被害者の1人は15歳以下だった。6人は銃で撃たれていた。44人のほとんどは、さまざまな角度や高さから複数の傷を負っており、至近距離から処刑されたというよりは、むしろ銃撃されたような特徴を持っています。至近距離から撃たれたのは1人だけで、死後切断された形跡はない。犠牲者がラチャック出身であることは確認できなかった。

ラチャクに対するウォーカーの態度を、エルサルバドルでのイエズス会司祭6人殺害事件やペックでのKLAによる10代の若者殺害事件に対する態度と比較してみてください。エルサルバドルでは、イエズス会士殺害事件を、兵

士に化けたゲリラのせいにしようとした。彼はICTYにこう言った。

"今にして思えば、私は不正確な発言をしていた。

KLAがペクでセルビア人のティーンエイジャーを殺害したと非難されたとき、彼は言った。

「何が起こったのかが分からないと、言うことは難しい...今日まで、誰がこの行為を行ったのか分からない。

ラチャックに対しては、同じように警戒心を示さなかった。

ミロシェビッチがエルサルバドルでの出来事に言及しようとしたとき、メイ判事はこう言って介入した。"あなたの試みは、裁判部が無関係と判断したほど昔の出来事でこの証人の信用を失墜させようとするものだ"とね。そして後日、「これは不条理な質問だ、まったく不条理だ。今、あなたは皆の時間を無駄にしています。陪審員は、メイズの態度から、彼が関係する問題を判断するのに適していたかどうか、自分なりに結論を出すことができます。

ミロシェビッチは、ウォーカーがコントラに武器を供給していたオリバー・ノース中佐と同じイロパンゴ空港にいたこと、一方でウォーカーはコントラに人道支援をしていたはずであることに注目した。ウォーカーはこのことを次のように説明した。

「私が知らないうちに、国務省が知らないうちに、世界が知らないうちに、国家安全保障会議のオリバー・ノース大佐は、ウォルシュ判事と彼の委員会によって最終的に違法とされたことをやっていたのです。"

ミロシェヴィッチは、ウォーカーの証言とラチャクでの出来事に関する彼の解釈を信用しないよう努め続けた。

とウォーカーに問いかけた。

　　ラチャックの話になってしまいますが、あなたの発言
　　の中で、「これらの遺体を見て、いくつかのことに気
　　づいた」とありますね。まず、死体の周りの傷や血、
　　そして死体の周りの地面の乾いた血だまりから判断し
　　て、その人たちが殺されたときに着ていた服であるこ
　　とは明らかであった。彼らが横たわったまま死んでい
　　ったのは間違いない。目の前の地面、一人一人の血の
　　量と位置が、それをはっきりと示していた。

ミロシェビッチは、一連の遺体の写真を正しい順序で見
せるように要求し、：

　　この血は、遺体や個体の近くのどこにあるのでしょう
　　か？血痕はどこで見ましたか？

こうして、次のようなやりとりが始まった。

ウォーカー：「この写真で？

ミロシェビッチ「ここに、どこかに血はないのか？"

ウォーカー「血かな。"

ミロシェビッチ「あなたは地面に血の池があると言って
いますが、地面には血はまったくありません。

ウォーカー：「この写真には写っていません。"

ミロシェビッチ「前の写真にもない。ここにも血、血の
跡、血の池がありますか？"

ウォーカー：「この写真には写っていません。"

ミロシェビッチ：「ここでも、血痕はなく、石があちこ
ちにあるのがわかる。

裁判で使われた写真の中には、ウォーカーのKVMでの観
察者の一人、ロンドン警視庁のイアン・ロバート・ヘン
ドリー警部が撮影したものもあり、彼は最近「虐殺の現
場」を訪れたことを裁判で証言している。

ミロシェビッチ大統領から、「同行したのか、一人で行ったのか」と問われたヘンドリーさんは、「誰かに案内された」と答えた。と聞かれ、「*知らない*」と答えた。ヘンドリーは、なぜ彼の写真には血痕だけが写っていて、血だまりがないのか説明できなかった。ICTYの主任検視官エリック・バカードは、先の証言で、遺体の硬さと位置が異常であり、移動された可能性があることを認めた。銃創については、「事故、殺人、武力衝突のいずれによるものかは言えない」とした。

ミロシェビッチは、ウォーカーに、NATOに30年間勤務し、コソボ・ポリジェのKVMリーダーだったカナダの歴史家、ロリー・キースを知っているか、と尋ねたことがあった。ウォーカーは否定的に答えたので、コソボでの自分のKVMリーダーを覚えていないことを認めた。

ミロシェビッチ大統領が、コソボ情勢に関するウォーカーの証言と矛盾するキースの言葉を出してきたことで、ウォーカーの選択的記憶の理由が明らかになった。とキースは言った。

> "2月と3月には大量虐殺はなかった
> "と証言することができる。民族浄化については、私はその場にいなかったし、民族浄化と言えるような出来事も見ていない。先ほどの回答に関して、私は一連の事件を目撃しましたが、そのほとんどはKLAが引き起こしたもので、それに対して軍隊の支援を受けた治安部隊が対応したことを明確にしたいと思います。"

第4章

偏った裁判所

KLAの活動に関するウォーカーの沈黙と言い逃れは、ミロシェビッチが2000年3月12日のサンデー・タイムズの記事「CIAが援助したコソボ・ゲリラ軍」を読んだかどうか尋ねたときにも浮き彫りになった。ウォーカーは否定的に答えた。NATOによるユーゴスラビア空爆の前に、アメリカの諜報員がKLAの訓練を手助けしていたことを説明した記事である。CIAは1998年と1999年にコソボの停戦を監視し、同時にKLAに訓練マニュアルを提供し、現地でアドバイスを行った。

また、NATOの空爆の準備にウォーカーが果たした役割にも疑問を呈している。"米国の議題は、彼らの外交オブザーバー、別名CIAが、他の欧州やOSCEとは全く異なる条件下で活動することで成り立っていたと、ある欧州の特使は述べている。"ウォーカー氏は、空爆を望んでいたという主張を否定する一方で、カウントダウンにCIAが関与していたことを認めている。とウォーカーは言った。

> 「一晩で、数人だったのが130人以上になったんです。その時点で、代理店は彼らを連れてくることができたのでしょうか?もちろん、そうすることもできた。それが彼らの仕事です。でも、誰も教えてくれなかった。"

ウォーカーがCIAのエージェントであったという証拠はないが、彼の役割は、多くの点でCIAの手口と似ているところがある。この記事は、元CIAの情報筋によると、外交監

視員は

"CIAの隠れ蓑で、KLAの武器やリーダーに関する情報を集めていた

"と述べている。あるエージェントは、「どの坂を避ければいいのか、どの林の裏を通ればいいのか、そういうことを教えるんです」と言った。ニューヨークの建築家で、KLA指導者の一人であるKlorin Krasniqiはこう言った。

"アルバニア人のディアスポラが兄弟を助けただけだ"

この記事では、KLAが狩猟クラブへの狙撃銃の輸出を許可する抜け穴を回避したことを紹介している。KLAの司令官だったアギム・セクは、戦争後期にクロアチア軍での活動を通じて多くの人脈を築いていた。クロアチア軍は、当時コソボに駐在していたミリタリー・プロフェッショナル・リソース社というアメリカの会社から援助を受けていた、と述べたのだ。ウォーカーの証言は、ハーグ法廷にとってもう一つの大失敗だった。1999年のセルビア空爆に至る一連の真相については、あまりにも多くの情報が漏れている。ラチャクで大虐殺があったかどうかについては、さらに調査が必要である。しかし、客観的な観察者が警戒を怠らないだけの証拠がある。確かなことは、ウォーカーがNATOにユーゴスラビア爆撃を正当化するための中心的な役割を果たしたということである。

米国最高裁判事ブランデイスの伝記作家であるヤコブ・デ・ハースは、かつてこう書いている。

「しかし、この種の取引のための政府交渉は常に秘密であり、取引時に決定的な証拠を得ることは通常非常に困難です。取り返しのつかないことになり、過去の霧の中に消えてしまうと、人は回顧録を書き、かつて世界を震撼させた秘密の功績を自慢したがるものである。」

メイとカーラ・デル・ポンテによってミロシェビッチに

不利な賽が振られたにもかかわらず、多くのオブザーバーによれば、法廷が彼に偏っている印象を与え、彼に対する申し立てに反論する機会をほとんど与えないほど精力的に弁護したことが分かっている。そして、非常に不思議なことに、極めて疑わしい状況下で、ミロシェビッチは独房で自然死しているのが発見された。

しかし、死因については、主治医や家族から重大な疑義が呈された。遺族の強い抗議にもかかわらず、自然死という判定が下された。

コザックとウォーカーが革命を後押し

1989年のパナマ、2000年のセルビア、2001年のベラルーシ、2003年のベネズエラ、2003年のグルジア、2004年のウクライナ、2005年のキルギス、2007年のレバノンの選挙で選ばれた政府の転覆から浮かび上がるのは（現在進行形）、常にその根底には「民主主義の普及」という米国の主張があることである。私は、パナマ運河の不法譲渡とノリエガ将軍の打倒を皮切りに、上記の「革命」をすべて研究し、その成果は私の一連のモノグラフとして発表している。

パナマで完成された主要な戦術は、レーガンやジョージ・ハーバート・ウォーカー・ブッシュの大統領時代の1970年代から1980年代にかけて、ラテンアメリカで実践されることになった。この2人の米国大統領が「保守」を標榜していることは問題ではなかった。民主主義の普及」（後に「政権交代」に変更）の旗印の下ではないが、英米の共謀が新世界秩序の推進計画に不可欠であることを示すために、ここで紹介する。サッチャーが挑発し、指示した英国のフォークランド諸島への攻撃は、レーガンがモンロー・ドクトリンを破って、再び米国憲法に完全に違反する形で英国の侵略軍を実質的に支援したことが大

きな要因であった。

このような政治政権の民間インフラに対する戦略的破壊工作が成功するためには、その計画を実行するための訓練を受けた中核的な人材が現場にいなければならない。明らかになったのは、レーガンやジョージ・ブッシュ長老の政権交代工作員の多くが、CIA、国務省、マスコミ関係者を問わず、クリントン大統領時代とジョージWブッシュ大統領時代に旧ソ連圏で経験を積んでいたことであった。マヌエル・ノリエガ将軍は、1989年に彼の権力の座を陥れるためにパナマに派遣されたCIAと国務省のエージェントが、ウィリアム・ウォーカーとマイケル・コザクであったと、自身の回想録で述べており、これを裏付けている。ウィリアム・ウォーカー氏とは、以前にもホンジュラスやエルサルバドルで、また最近では1999年1月にクリントンがコソボ検証ミッションの責任者に任命した際に、コソボでお会いしています。

コザックは在ベラルーシ米国大使に任命され、大使館内を基地として、外交ルールを無視して、2001年に現職のルカシェンコ大統領を転覆させるための「*コウノトリ作戦*」を煽ったのだ。この作戦は、南アフリカ共和国のヘンリック・フェルウォード博士に対して行われたもので、プレトリアのアメリカ大使館が打倒を管理し、そこから、南アフリカに「民主主義」をもたらすという名目で、共産主義のアフリカ民族会議（ANC）にすべての援助、慰労、莫大な財政援助が行われたのだ。一人一票」というスローガンは、タヴィストック研究所の仕事だったのだろう。コザックは、2001年にガーディアン紙に寄せた手紙で、ベラルーシでやっていることは、まさにニカラグアやパナマでやったこと、すなわち "民主主義の促進"であることを認めて、公然たる陰謀を企てたのだ。この婉曲表現は、新世界秩序の承認印のない国々に対するクーデターを隠蔽するために使われたものである。

フランス革命（フランスにおける「民主主義の導入」の初期の例）の扇動者・計画者の一人であるジェレミー・ベンサムは、フランスの選挙で選ばれた政府の転覆をいち早く「民衆運動」と位置づけた人物である。

クーデターの成功に欠かせないその他の要素としては、巧妙なスローガン、非政府組織、社会、組織（「Liberté, égalité, fraternité」）（「一人一票」）、現場の秘密工作員、メディアによる宣伝のコントロールなどがある。

パナマ、ラテンアメリカ、旧ソ連圏の国々での活動は、新世界秩序の陰謀企業の域を出ないものであった。パナマ、ベラルーシ、セルビアで見られたように、そのような宣伝までされていたのです。セルビアの場合、メディアは「革命」が「ピープルパワー」の現れであることを大々的に宣伝した。この主張は、ウクライナの「オレンジ革命」の際にも何度も繰り返された。セルビアは、いわゆる「中立国」、特にスウェーデンの管理・協力の恩恵を受けていた。

スウェーデンは、レーニンとトロツキストをロシアに連れ帰り、ボルシェビキ革命に資金を提供することで大きな役割を果たしたことが思い出される。これは、南アフリカのANCのように、さまざまな「民主的反対」グループや「非政府組織」に対して、多額の資金や、武器を含む技術的、後方支援、戦略的支援を提供することであった。セルビアでの活動では、ウォーカーとその仲間は、主にワシントンDCの民間非政府組織と称する国際共和国研究所を通じて活動し、隣国のハンガリーにも事務所を開設していた。

セルビアには、お金も生活必需品もすべて外交鞄で持ち込まれた（外交儀礼に反する重大な行為である）。中立という建前は、私が挙げた一例であるスウェーデンのように、NATOのセルビアに対する違法かつ犯罪的な戦争

に参加せず、中立という偽りの理由でベオグラードに大使館を完全に維持することを認めることによって維持されていた。

私は、NATOの対セルビア戦争への参加は、以下の条約に違反しており、したがって、これらの条約のいずれか、あるいはすべての条約に基づき、戦争犯罪の罪を犯していると考えている。

> ニュルンベルク議定書

> ジュネーブ4条約

> 国際連合憲章

> 欧州連合条約

> 空爆に関するハーグ規則

セルビアは第二次世界大戦後、ヨーロッパで唯一空爆を受けた国であり、主に民間人を対象に数百トンの爆弾が投下された。今日に至るまで、この戦争犯罪の加害者であるクリントン大統領、ウェスリー・クラーク将軍、マデリン・オルブライト、NATOの将軍たち、欧州連合理事会議長、国連事務総長は、まだ戦争犯罪で起訴されていない。さらに言えば、アメリカ人の場合、5つの条項において合衆国憲法（国の最高法規）に著しく違反しており、合衆国憲法の規定に基づけば、反逆罪で罷免、弾劾、裁判にかけられるべきであったのだ。メディアバイイングは、クーデターを成功させるための主要な材料の一つです。B92ラジオ局などの「独立系」とされるメディアは、後にウクライナやグルジアで重要な役割を果たすジョージ・ソロスが支配し、資金を提供する米国の組織から主に資金提供を受けていたのだ。アメリカやイギリスの報道機関によって常にそのように描かれてきたいわゆる「民主主義者」は、ミロシェビッチが正しく宣言したように、外国のスパイであった。ミロシェビッチを倒した政治クーデターは、大統領選の第一ラウンドの直後に

始まった。西側のテレビで「民衆の自然発生的な蜂起」と紹介されたのは、チャチャク町長ヴェリミール・イリッチの指揮のもと、厳選された極悪犯罪者と武装チンピラたちであった。

ベオグラードの連邦議会議事堂に向かう40kmに及ぶ車列は、民主化を求める市民ではなく、凶悪犯、罵声を浴びせる者、「ブラック・ポラ」の準軍事部隊、キックボクシングチームなどで構成されていたのである。2000年10月5日、事実上のクーデターが、ピープルパワー革命という偽りのファサードの下に慎重に隠され、メディア監視団によってそのように世界に示されたのである。

次に「人民民主主義」の湿った息吹を感じたのはグルジアである。パナマ、ホンジュラス、グアテマラ、セルビアで学び、完成した技術は、今や標準的なクーデター戦術となり、2003年11月にグルジアでエドワード・シェワルナゼ大統領を打倒するために実施された。ゲッペルスが完成させた「大嘘つき」反復法により、同じ虚偽または歪曲された主張が何度も何度も繰り返されたのである。アメリカのメディアは、事実関係を確認することもなく、選挙が不正に行われたとの疑惑を発表したが、驚くべきことに、この疑惑は選挙そのものよりもずっと前に出されていたのである。シェバルドナゼは、偉大な改革者、民主主義者として長い間偶像化されてきたのに、言葉による戦争が始まったのである。ベオグラードの場合と同様、テレビでひたすら生中継される「国会襲撃」をきっかけに事件が起こる。

いずれの政権移譲も、ロシアのイワノフ公使がベオグラードとトビリシに赴き、現職の退陣を取りまとめたものである。イワノフの役割はユダのようなものだったようだ（特にシェワルナゼとセルビアのミロシェビッチにはよく知られていたため）。シェワルナゼとの因縁があったのだろうか。ベオグラードとトビリシのもう一つの共

通点は、リチャード・マイルズ米国大使の存在であった。

巨額の米ドルに支えられた裏の民間の活動が、セルビアと同様、グルジアでも重要な役割を果たした。どちらの場合も、この重要な情報が事件のずっと後に発表される前に詳細を入手することは不可能だった。したがって、シェワルナゼ反対派に現れている「人民の力」に関する巨大なプロパガンダに対抗するためには、何の役にも立たなかったのだ。このような場合の常として、マスコミは、シェワルナゼ大統領を支持するあらゆる事件、あらゆる情報を、新聞やテレビの報道から排除するよう気を配った。ウクライナの場合、欧米が支援する非政府組織、メディア、シークレットサービスによる活動が同じように組み合わされていることがわかる。非政府組織（NGO）は、*選挙が行われる前*から、*選挙の権威を落とす*のに大きな役割を果たしました。不正が横行しているという疑惑は常に繰り返された。つまり、ヤヌコーヴィチが勝利した第2ラウンドの後に発生した街頭抗議行動は、*第1ラウンドが始まる前*にすでに*出回*っていた疑惑に基づくものだったのである。この疑惑の主役であるNGO「ウクライナ有権者委員会」は、ウクライナの有権者から一銭も受け取っておらず、すべて米国から資金提供を受けていた。その主要な関連団体の一つである国家民主主義研究所は、ヤヌコーヴィチに対するプロパガンダを絶え間なく発信している。

このとき、中立的な立場のスペインの観察者が、プロパガンダの悪用について記録することができた。政府による不正選挙疑惑の果てしない繰り返し、野党による不正の絶え間ない隠蔽、エジプトのミイラのようなカリスマを持つ世界一つまらない男ヴィクトル・ユシチェンコの必死の売り込み、敵による故意の毒殺というありえない話（この架空の事件には逮捕も告訴もされていない）などがそうだ。

ニューヨークタイムズのC.J.チバーズによる興味深い記事によると、いわゆる「民衆蜂起」が起こる数ヶ月前から、アメリカ由来の要素の監督のもと、ウクライナKGBがユシチェンコのために働いていた。政治的な変化をもたらすために軍のドクトリンがどのように適応されたのか、また改ざんされた「世論調査」が使われたことなどの詳細が（事後に）明らかにされた。洗脳の方法論と「内的方向性の条件」の使用は、タヴィストック人間関係研究所の方法論と一致するものであった。

これまでの話では、新世界秩序の「欺瞞による外交」[3]、その謀略的な段階での実行をみてきた。

私が書いたことの多くは、多くの場合、明るみに出ている。それは、（少なくとも私の考えでは）新世界秩序の支配者は、人々が彼らの策略を知ろうが知るまいが、もはや気にしていないことを示している。それは陰謀事実であり、公然の陰謀であり、まるでアメリカがその主役を誇り、誰がそれを知っても構わないかのようである。

ウクライナの「オレンジ革命

2004年の「オレンジ革命」で屈辱を味わったウクライナのヴィクトル・ヤヌコヴィッチは、宿敵であるヴィクトル・ユシチェンコ大統領から支援を受け、首相として政治の舞台に復帰することを祝おうとしていた。ウクライナの旧体制を崩壊させた革命の立役者である親欧米のユシチェンコは、4カ月にわたる政治的行き詰まりに終止符を打つため、早々にモスクワ寄りのヤヌコビッチとの「同居」を渋々選択したのである。

---

[3]嘘による外交、英米政府の裏切りに関する記述、オムニア・ヴェリタス社、www.omnia-veritas.com を参照。

そのためには、国会を解散し、危機を長引かせ、新たな
選挙で政治的に破滅する危険を冒すしかなかったのであ
る。ユシチェンコ氏は、ヤヌコビッチ氏が市場改革と親
欧米政策を覆そうとしないという書面による保証を得た
後、連立政権の首相として同氏を推薦することに決めた
と述べた。旧ソ連の伝統的な同盟国であるロシアとの和
解を好むヤヌコビッチ氏の譲歩の詳細は明らかにされて
いない。ヤヌコビッチ氏が所属する地域党が、ユシチェ
ンコ氏の「われらウクライナ」党や他の連立政党と共通
原則宣言に署名した後、議会は後に同氏の首相就任を承
認する見込みである。この合意は、ウクライナが暫定政
府しか持たなかった4ヶ月間の政治的行き詰まりに終止符
を打つものであった。ヤヌコビッチ氏から引き出した譲
歩とは別に、ヤヌコビッチ氏と取引したことで、「オレ
ンジ」党内のユシチェンコ氏に対する草の根の反発が疑
問視されている。ウクライナのもう一人の重要人物で、
取引に横やりを入れられたカリスマ的で過激なユリア・
ティモシェンコは、まだ手の内を見せていなかった。

3月の議会選挙では、ヤヌコビッチ氏の政党「地域」が圧
勝し、彼女の政治ブロックは2位だった。彼女は指名を数
時間遅らせることはできたが、国会で指名を阻止するほ
どの票数は持っていなかった。ユシチェンコ氏は、連立
合意を見出そうと何時間も深夜に及ぶ協議を行った後、
テレビ演説で「私は*ヴィクトル・ヤヌコヴィッチをウク
ライナの首相に推薦*することにした」と述べた。ユシチ
ェンコ氏は、議会を解散して新たな選挙を行うという非
常にリスクの高いもう一つの選択肢を放棄し、代わりに
ヤヌコビッチ氏との厄介な「同居」を選択したのである
。2004年の「オレンジ革命」大統領選で敗れた親ロシア
派のヴィクトル・ヤヌコヴィッチ候補は、ウクライナの
申し子である。革命後、論客から敬遠されていた彼は、
数週間の拷問のような交渉の末、ようやく首相候補に指
名された。ヤヌコビッチ氏は、2004年の大統領選挙で宿

敵ビクトル・ユシチェンコ氏に敗北を認めた後も、忘れ去られることを拒んでいた。当初ヤヌコビッチ氏に有利な結果が出たとき、何十万人ものデモ隊が彼を支持した。

ヤヌコビッチ氏が当選したが、自然発生的に勃発したかのような「オレンジ革命」の大規模な街頭デモが起こると、最高裁は根拠のない大規模な不正疑惑を理由に選挙を無効とし、新たな選挙を命じ、予想通りユシチェンコ氏が勝利した。

多くの同盟国から見放され、政治的エリートからも見捨てられたヤヌコビッチは、誰も予想しなかったことをした。アメリカのコンサルタントの助けを借りて、2004年に「オレンジ」のライバルが使った戦術を採用したのである。ロックバンドや青と白の小道具をたくさん使って、南東部各地を回り、草の根の支持を集めていったのです。「*2004年、彼は王冠をかぶった王として選挙運動をしていた*」と、選挙運動中のキエフの西側外交官幹部は言った。"*今、彼は飢えた政治家として選挙活動をしています。*"

第5章

陰謀の先にあるもの

エメリー博士の弟子で、ウォートン・スクールの「社会工学」教授のハワード・パルマター博士は、「カトマンズのロック・ビデオ」は、伝統文化を持つ国家が不安定になり、「地球文明」の可能性を生み出すというイメージにふさわしいと指摘している。

このような変革には2つの条件がある。「国際的にコミットした国際組織と地域組織のネットワークの構築」と、「マスメディアを通じて、ローカルなイベントをほぼ瞬時に国際的な意味を持つものに変える」ことによる「グローバルイベントの創出」である、と付け加えた。どれも陰謀論ではなく、陰謀の事実上の証拠である。

米国は、民主主義の促進を国家安全保障戦略全体の重要な一部とすることを公式な方針としている。国務省、CIA、全米民主化基金のような超政府機関、カーネギー国際平和基金のような政府出資のNGOの主要セクションは、「民主化促進」に関する本を何冊も出版している。

これらの作戦に共通しているのは、西側勢力、特に米国が他国の政治プロセスに、時には暴力的に干渉することであり、この干渉は政権交代という究極の革命的目標を推進するために使われることが非常に多いということである。新世界秩序の現在の段階は、新世界秩序の管理者たちが最近の成功に勇気づけられて、自分たちの計画が十分に透明化されたかどうかを気にしていないという意味で、「陰謀を超えた時代」と呼ばれている。陰謀の先

」の段階を決定する最も顕著な方法の1つは、対象となる
国への武力侵攻を行う代わりに、革命（実際にはクーデ
ター）を起こすという新しい方針である。どうやら、ベ
トナム戦争の失敗、1991年と2002年の米軍によるイラク
侵攻を経て、300人委員会は、地上での軍事衝突よりもク
ーデターが望ましいと確信したようである。これは空爆
を否定するものではないが、1944年から1945年にかけて
のドイツへの大規模爆撃のような規模でない限り、爆撃
だけでは対象国の既存の秩序を打ち破るには十分でない
ことも明らかであろう。世界中で次々と勃発する「革命
」は、以上のような文脈で捉えられなければならない。

2003年11月、グルジアのエドワード・シェヴァルドナゼ
大統領が、デモや行進、議会選挙が不正に操作された
という疑惑を受け、倒されたとき、「陰謀を越えて」と呼
ばれる新しい政策が本格的に開始された。この疑惑は、
選挙違反を裏付ける信頼できる証拠がまったく出てこな
かったのに、西側メディアで広く報じられた。

その1年後の2004年11月、ウクライナでいわゆる「オレン
ジ革命」が組織され、国を二分する不正選挙が広まった
のと同じ非難を浴びました。ウクライナは親ロシア派が
多く、選挙での不正はウクライナの歴史的なロシアとの
関係を維持するためには必要なかったはずだが、2004年
の出来事（事実上のクーデター）により、NATOとEUの
常任理事国になる道が開かれたのである。

オレンジ革命」の非公式な支援者と西側メディアのジャ
ッカルは、いわゆる「人民革命」を確実に成功させたの
である。投票が行われる前から選挙違反の疑惑があり、
ウクライナ人が資金を提供したのではなく、米国から全
額の資金提供を受けたウクライナ有権者委員会を中心に
、何度も何度もその疑惑が繰り返された。ソロスはこの
件に一役買ったのでしょうか？

これは証明されないまでも、ありそうなことだと思う。

委員会の事務所の壁には、セルビアの正統な政府を倒した革命の発案者であるマドレーン・オルブライトの写真が貼られ、国民民主協会が有力候補である親ロシア派のバヌコビに対する爆発的なプロパガンダで炎上を煽っている。

第6章

好奇心旺盛な二人

自然発生的な人民革命の神話が残っていることは、気が滅入る。文書やさまざまな出版物に見られる事実をざっと調べても、それが神話以上の、実際にはあからさまな嘘であることがわかるからである。何年か前に、クルツィオ・マラパルテ（本名クルト・サッカー、1898年イタリア生まれ、1957年没、イタリアの作家、ジャーナリスト、外交官）の生涯を記した一冊をもらったことがある。毛沢東がマラパルトの「人民革命」の思想を取り入れたようなので、その記述を勉強した。

マラパルテは、外交官として、またローマの名門新聞「コリエレ・デラ・セラ」の特派員として、実体験から得たヨーロッパとその政治に関する卓越した知識を持つ人物であった。ウクライナから東部戦線を取材し、そのレポートは後に『ヴォルガ・ナッセ・イン・エウロパ』として出版された。

マーク・クラーク米軍大将のイタリア侵攻軍に連絡将校として随行し、米軍での体験について多くの優れた記事を書いている。戦後、マラパルテはイタリア共産党に入党し、「中華人民共和国」成立後に中国に渡った。マラパルトの生涯について非常に興味深い話を読んだ後、毛沢東はマラパルトから「借用」したのではないかと思われる。確かに、「オレンジ革命」の背後にあるアメリカの組織は、マラパルテの考えに大きく影響され、ワシントンからの無制限の資金（ここでもジョージ・ソロスが疑われているが証明されていない）、西側メディアとCIA

のより進んで協力によって支えられていた。しかし、こうした考えを最初に非常に有名に表現したのは、クルツィオ・マラパルテの「クーデター・テクニック」であろう。1931年に出版されたこの本は、政権交代を簡単な手法として紹介している。

マラパルトは、政権交代がひとりでに起こると考える人たちに明確に反対している。ポーランドはトロツキーの赤軍に侵攻され（ポーランドも1920年4月にソ連に侵攻し、キエフを占領）、ボルシェビキはワルシャワの門前にいたのだ。

ワルシャワの英国公使ホレス・ランボルド卿と、2年後にピウス11世としてローマ法王に選出される使徒座宣教師アンブロージョ・ダミアノ・アキッレ・ラッティとの間で行われた討論会である。イギリス人は、ポーランドの内政状況は混沌としており、革命は避けられない、したがって外交団は首都を離れてポーゼン（ポズナン）に行くべきだと宣言した。

トスカーナ州プラートで、ロンバルドの母とドイツ人の父の間に生まれ、コレジオ・チコニーニとローマのラ・サピエンツァ大学で学んだ。1918年、ジャーナリストとしてのキャリアをスタートさせる。

マラパルテは第一次世界大戦に参加し、アルプス第5連隊の隊長に任命され、その功績によりいくつかの勲章を授与された。1922年、ベニート・ムッソリーニのローマ進軍に参加した。1924年、ローマの定期刊行物『La Conquista dello stato』（「国家の征服」、このタイトルはラミロ・レデスマ・ラモスの『La Conquista del Estado』に影響を与えた）を創刊した。1920年代初頭から、ファシスト党の一員として、いくつかの定期刊行物を創刊し、エッセイや記事を寄稿したほか、数多くの著作を残し、2つの都市新聞を指揮した。

1926年、マッシモ・ボンテンペッリ（1878-
1960）と共に文芸季刊誌『900』を創刊した。その後、『
フィエラ・レテラリア』誌の共同編集者（1928-
31年）、トリノの『ラ・スタンパ』誌の編集者となる。
告白的な戦争小説『*Larivolta   dei
santi*』（1921年）は、腐敗したローマを真の敵として批
判している。マラパルテは『*国家の技術*』（1931年）の
中で、アドルフ・ヒトラーとムッソリーニの両者を攻撃
している。その結果、彼は国民ファシスト党の党員資格
を剥奪され、1933年から1938年までリパリ島に国内亡命
することになった。

ムッソリーニの娘婿で後継者のガレアッツォ・チアーノ
の個人的な介入によって釈放された。ムッソリーニ政権
は、1938年、1939年、1941年、1943年にマラパルテを再
逮捕し、ローマの悪名高いレジーナ・チェーリ刑務所に
収監した。獄中生活後まもなく、現実的で幻想的な自伝
的短編小説集を出版し、『*私のような女*』（1940）のよ
うな様式化された散文詩に結実した。

特派員として、またイタリア外交官としての経験をもと
に、ヨーロッパとその指導者たちについて卓越した知識
を持つ。1941年、「コリエレ・デラ・セラ」の特派員と
して東部戦線に派遣される。彼がウクライナ戦線から送
り返した記事の多くは弾圧されたが、1943年に「*Il Volga
nasce   in
Europa*」（「ヴォルガはヨーロッパで立ち上がる」）と
いうタイトルでまとめられ出版された。この経験は、彼
の代表作である『*カプト*』（1944年）と『*皮膚*』（1949
年）の基礎にもなっている。

カパット』は、彼が密かに書いた小説的な戦争記録で、
敗戦を運命づけられた人々の視点からこの紛争を描いて
いる。ウクライナの戦場から逃げ惑うドイツ国防軍兵士
の分隊に出会うなど、マラパルテの語り口は叙情的な観

察に富んでいる。

> 「ドイツ人が恐れるとき、その神秘的なドイツの恐怖が骨の髄まで浸透し始めるとき、彼らはいつも特別な恐怖と哀れみを呼び起こすのです。その姿は惨めで、その残酷さは悲しく、その勇気は沈黙し、絶望的である。"

マラパルトは、カプトで始めたヨーロッパ社会の大フレスコ画を続けている。1943年から1945年までの東ヨーロッパとイタリアを舞台に、ドイツ軍ではなく、アメリカ軍に侵攻される。

第二次世界大戦から生まれたすべての文学の中で、破壊とモラルの崩壊というヨーロッパの経験を背景に、勝利に酔いしれるアメリカの純真さをこれほど見事に、あるいはこれほど痛烈に提示した本は他にないだろう。この本は、ローマ・カトリック教会から非難され、禁書目録に掲載された。

1943年11月から1946年3月まで、イタリアのアメリカ軍最高司令部にイタリア連絡官として所属した。クルツィオ・マラパルテの記事は、フランス、イギリス、イタリア、アメリカの主要な文学雑誌に多数掲載されています。

戦後、マラパルテは政治的に左派に傾倒し、イタリア共産党の一員となった。1947年、マラパルテはパリに移り住み、ドラマを書いたが、あまり成功しなかった。マルセル・プルーストの生涯を題材にした『Du Côté de chez Proust』、カール・マルクスの肖像を描いた『Das Kapital』などがある。禁断のキリスト』はマラパルテが1950年に脚本と監督を担当し、そこそこ成功した作品である。

1951年のベルリン映画祭で「ベルリン市賞」特別賞を受賞した。ドイツ軍に撃たれた兄の仇を討つために、退役軍人が村に帰ってくるというストーリーです。1953年に

『*Strange Deception*』のタイトルで全米公開され、ナショナル・ボード・オブ・レビューで外国映画のトップ5に選ばれている。また、バラエティー番組「セキソフォン」を制作し、自転車で全米を回る計画も立てていた。

1949年に中華人民共和国が成立すると、マラパルテは毛沢東主義の共産主義に関心を持つようになるが、中国への旅は病気のために中断され、飛行機でローマに戻ることになった。

1958年に死後出版された彼の日記『*Io in Russia e in Cina*』は、ロシアと中国での出来事を綴ったものである。マラパルテは、ブルジョア文化に対する攻撃である『*Maledetti toscani*』を1956年に最後に出版した。癌で亡くなりました。

この逸話から、マラパルトは、クーデター・革命の実践者であるレーニンとトロツキーの違いを論じることができるのである。マラパルトは、未来の教皇が正しかったこと、革命が起こるには前提条件が必要だというのは間違いであることを示す。マラパルトにとっても、トロツキーにとっても、政権交代は、西ヨーロッパの安定した民主主義国家を含むどの国でも、それを達成しようとする十分な決意を持った集団があれば、推進することができた。ユーゴスラビア、ウクライナ、グルジアで、マラパルテの手法が忠実に踏襲されたことは間違いないだろう。

マラパルテと彼の思想に関するこの記述は、アメリカがパナマ、ホンジュラス、ニカラグア、ユーゴスラビアで行ったこと、アメリカと毛沢東との関係、イラク侵攻、イランとの現在進行中の舌戦に関連するものである。彼の思想や考えは、新左翼（ネオコン）により、米国に革命をもたらすために利用されており、それは多くの人が

考えるよりずっと近いものである。

そこで、2つ目の文献として、メディア操作に関するものを紹介します。マラパルト自身はこの点について触れていないが、(a)かなりの重要性を持っており、(b)今日の政権交代が実践される方法では、明らかにクーデター手法の部分集合である。実際、政権交代時のメディアコントロールは非常に重要で、こうした革命の大きな特徴の1つは、バーチャルリアリティの創造である。この現実を支配すること自体が権力の道具なのだ。だから、バナナ共和国での古典的なクーデターでは、革命家が最初に押収するのは国営ラジオ局なのである。

現在の政治的な出来事が意図的に操作されていることを認めたくないという心理が強く働いている。このような消極的な姿勢は、人々の虚栄心をあおり、膨大な情報にアクセスできると信じさせる情報化時代のイデオロギーの産物そのものである。イタリアのウォーターフロントにあるレストランが軒を連ねていても、その奥にある厨房の実態が見えないように、現代のメディア情報は一見多面的であるが、実はオリジナルの情報源が極めて少ないのである。

BBCのような権威ある報道機関も、これらの機関から得た情報を単に再利用し、自分たちのものとして報道している。BBCの特派員はレポートを送るとき、しばしばホテルの部屋に座り、本国の同僚から聞いたことをロンドンのスタジオに読み返すだけということがよくある。

メディア操作を信じたくない第二の要因は、マスメディア時代のお世辞が好きな全知全能感である。報道が操作されていると言うことは、人々に騙されやすいと言うことであり、それは受け取って嬉しいメッセージではない。

メディア操作には、さまざまな要素があります。そのひ

とつが、政治的なイコノグラフィーです。革命によって
政権を獲得した政権の正統性をアピールするための、非
常に重要なツールなのです。1789年7月14日のバスティー
ユ襲撃、1917年10月革命の冬宮襲撃、1922年のムッソリー
ニのローマ進軍など、象徴的な出来事を考えてみれば
、出来事がほとんど永遠の正統性の源に昇華され得るこ
とがわかるだろう。しかし、政治的イメージの重要性は
、革命のたびに単純な紋章を発明することよりもはるか
に大きい。それは、メディアをより深くコントロールす
ることを意味し、このコントロールは通常、政権交代の
瞬間だけでなく、長い期間にわたって行使されなければ
ならない。公式な党の方針が*延々*と繰り返されることが
不可欠なのです。多くの反体制派が怠惰にも間違って「
全体主義」と非難する今日のマスメディア文化の特徴は
、まさに反対意見が表明・掲載されることだが、それは
まさに、大海の一滴に過ぎず、プロパガンダの流れに脅
威を与えることはないからである。

このメディアコントロールの現代の名人の一人が、ヨー
ゼフ・ゲッベルスが師事したドイツの共産主義者、ヴィ
リー・マンゼンバーグである。ミュンゼンベルクはプロ
パガンダの発明者であるだけでなく、ドイツとソ連の共
産党のニーズに合った見解を宣伝する意見形成ジャーナ
リストのネットワークを作る技術を完成させた最初の人
物であった。また、その過程で、かなりのメディア帝国
を築き上げ、そこから利益を得て、巨万の富を築いたの
である。ミュンゼンバーグは、当初から共産主義者のプ
ロジェクトに深く関わっていた。チューリッヒではレー
ニンのサークルの一員であり、1917年には後にボルシェ
ビキ革命の指導者となるレーニンを伴ってチューリッヒ
のハウプトバーンホフまで行き、そこから密輸された列
車で、ドイツ帝国当局の協力でフィンランド駅からサン
クト・ペテルブルグまで移動した。そしてレーニンは、1
921年にヴォルガ地方の2500万人の農民が新ソビエト国家

で飢饉に苦しみ始めたときのひどい世評に対抗するために、ミュンゼンベルクを呼び寄せたのだった。

ミュンゼンベルクはベルリンに戻り、後に共産党の代議士として帝国議会の議員に選ばれている。レーニンは、フーバーが人道支援事業を利用してソ連にスパイを送り込むことを恐れただけでなく（実際そうなった）、おそらくもっと重要なこととして、世界初の共産主義国家が、革命後わずか数年で資本主義アメリカの支援を受けるという悪評で致命的な損害を受けることを恐れたのである。

ボルシェビキの手による何百万人もの死を「売り込む」ことで歯を食いしばった後、ミュンゼンベルクはより一般的な宣伝活動に目を向けるようになった。ミュンゼンベルク・トラストと呼ばれる巨大なメディア帝国を築き上げ、ドイツで大量発行の日刊紙2紙、大量発行の週刊紙、その他世界中の数十の出版物の権益を所有したのである。彼の最大の功績は、サッコ・ヴァンゼッティ裁判（1921年、マサチューセッツ州でイタリア人アナーキスト2人が殺人罪で死刑判決を受けた）をめぐる対米世論の喚起と、1933年のライヒスターク火災を共産主義の陰謀によるものとするナチスの主張に対抗することであった。

ナチスは、共産主義者の逮捕と大量処刑を正当化するために、この火災を利用したことは記憶に新しい。しかし、この火災の本当の原因は、当時この建物で逮捕されたマルティヌス・ファン・デル・ルッベという一匹狼の放火犯だったことが、今では判明している。ミュンゼンベルク氏は、ナチスが主敵を排除する口実を作るために自分達で放火したという、ナチスと同じだが逆の真実を、多くの世論に納得させることに成功したのである。

ミュンゼンバーグは、オピニオンメーカーに影響を与えることの重要性を理解していたことが、現代との大きな関連性である。特に知識人は虚栄心が強いので、影響を

与えやすいと考え、ターゲットにした。彼の人脈には193
0年代の偉大な文学者が多く、その多くがスペイン内戦で
共和党を支持し、共産主義者の反ファシズムの*重要な大
義名分*とするよう勧めた。

ミュンゼンバーグの戦術は、今日の新世界秩序における
世論操作のために最も重要である。これまで以上に、い
わゆる「専門家」が常にテレビ画面に登場し、何が起こ
っているのかを説明してくれるが、彼らは常に公式な党
の方針のための乗り物である。彼らは様々な方法でコン
トロールされており、大抵はお金やお世辞、学問的な評
価によってコントロールされています。

このムンゼンバーグが完成させた具体的な手法とは、少
し異なる指摘をする文献がもうひとつある。心理的な刺
激によって、人々が特定の集団的な反応をするように仕
向ける方法に関するものである。

タヴィストック人間関係研究所は、このような考えのも
とで運営されています。[4]この理論の最初の主要な理論家
は、おそらくジークムント・フロイトの甥で、タヴィス
トックに勤務していたエドワード・バーネイズである。1
928年に出版された『プロパガンダ』は、政府が政治目的
のために世論を組織化するのは当然であり正しいことだ
と主張している。彼の著書の第1章は、「*Organising
Chaos（混沌の組織化）*」というタイトルで、示唆に富ん
でいる。

バーネイズはこう書いている。

　　　"大衆の意見と組織化された習慣を意識的かつ知的に

[4]ジョン・コールマン著『タヴィストック人間関係研究所-
*アメリカ合衆国の道徳的、精神的、文化的、政治的、経済的衰
退を形作る*』オムニア・ヴェリタス社、www.omnia-veritas.com
を参照。

操作することは、民主主義社会の重要な要素である。
この目に見えない社会の仕組みを操る者が、目に見え
ない政府を構成し、それが我が国の真の支配力となっ
ているのである。"

バーネイズは、この見えない政府のメンバーは、他のメ
ンバーが誰であるかさえ知らないことが非常に多いと言
う。プロパガンダは、世論が不協和音のカオスに陥るの
を防ぐ唯一の方法だと言うのだ。これは、マラパルテの
信念でもある。バーネイズは戦後もこのテーマに取り組
み、1955年に『エンジニアリング・コンセント』を出版
した。エドワード・ハーマンとノーム・チョムスキーは
、1988年に『マニュファクチャリング・コンセント』を
出版し、このタイトルを引用している。

フロイトとの関連は重要である。後述するように、心理
学は世論に影響を与える極めて重要なツールであるから
だ。エンジニアリング・コンセントの寄稿者のうち2人は
、どんな指導者も世論を操作するために人間の基本的な
感情を利用しなければならないと主張している。

例えば、Doris
E.フライシュマンとハワード・ウォルデン・カトラーが
書いている。

"自己保存、野心、プライド、飢え、家族や子供への
愛、愛国心、模倣、リーダーになりたい、ゲームへの
愛   -
これらやその他の動機は、すべてのリーダーが大衆を
自分の見解に獲得する努力において考慮しなければな
らない心理的原料である...
自信を保つために、ほとんどの人は自分が信じるもの
すべてが真実であると確信する必要がある"...

これこそ、ウィリー・マンゼンバーグが理解した、「信
じたいことを信じたい」という人間の基本的な欲求であ
る。トーマス・マンは、ヒトラーが台頭したのは、第一

次世界大戦の敗戦という醜い現実の代わりに、「おとぎ話」を持ちたいというドイツ国民の集団的欲求が原因であるとし、地上では負けていないにもかかわらず、このことを示唆しているのである。この点で言及に値する他の著作は、現代の電子的プロパガンダについてというよりも、より一般的な群集心理についてである。この点での古典は、ギュスターヴ・ル・ボンの『*群集心理*』（1895）、エリアス・カネッティの『*群集と権力（Masse und Macht）*』（1980）、セルジュ・シャホーチンの『*政治的プロパガンダによる群集のレイプ*』（1939）である。

これらの本はすべて、心理学と人類学に大きく依存しています。模倣の論理（ミメーシス）や集団的暴力行為に関する彼の著作は、世論がなぜ戦争やその他の政治的暴力を容易に支持する気にさせるのかを理解するための優れたツールである。戦後、共産主義者のミュンゼンバーグが完成させた技術の多くがアメリカ人によって採用された。フランセス・ストーナー・サンダースの素晴らしい著書『*Who Paid the Piper*』（アメリカでは「*The Cultural Cold War*」として*出版*）に見事に記録されているとおりである。

冷戦の初期に、アメリカとイギリスが反共産主義の知識人に資金を提供するために、大規模な秘密作戦を開始したことを、ストナー・サンダースは詳細に説明している。重要なのは、彼らの関心と活動の多くが左翼に向けられたことである。トロツキストは、1939年にスターリンがヒトラーと不可侵条約を結んだときに初めてソ連への支持を放棄し、しばしばマンゼンベルクの下で働いていた人々であった。冷戦初期に共産主義とCIAの狭間でこの時点にいた人物は、アーヴィング・クリストル、ジェームズ・バーナム、シドニー・フック、ライオネル・トリリングなど、後に新保守主義（ボルシェビキ）の名士となる人物が多い。

新保守主義の左翼的、さらにはトロツキスト的な起源は
よく知られている。しかし、ライオネルとダイアナ・ト
リリングが、フェリックス・ドゼルジンスキー（ボルシ
ェビキの秘密警察チェカ［KGBの前身］の創設者で、共
産主義者ハインリヒ・ヒムラーに相当）を英雄視するラ
ビによって結婚したという事実など、私は新しい発見に
驚き続けているのである。

CIAの目的は、まさに共産主義に反対する左翼、すなわち
トロツキー派に影響を与えることであったからだ。CIAの
考えでは、右翼の反共産主義者に影響を与える必要はな
い、ましてや金を払う必要はない、ということだったの
だ。Stonor   Saundersは、Michael
Warnerの言葉を引用して書いている。

> "CIAにとって、非共産主義の左派を推進する戦略は、
> 「今後20年にわたる共産主義に対するCIAの政治活動
> の理論的基礎」となるものであった。"

この戦略は、アーサー・シュレシンジャーの著書『バイ
タル・センター』（1949年）にまとめられており、後に
新ボルシェビキ運動の基礎となるものの一つであった。

> "左翼団体を支援する目的は、潰したり支配したりす
> ることではなく、むしろこれらの団体と控えめな距離
> 感を保ち、その考え方を監視し、怒りをぶつけるため
> の口を提供し、極端に言えば、彼らの行動が「過激」
> になりすぎた場合には、最終拒否権を行使することで
> あった。"

この左翼的な影響の感じ方は様々である。アメリカは、
「反動的」なソ連に対抗して、自国の進歩的なイメージ
を作り出そうと考えていたのだ。つまり、ソビエトと同
じことをしたかったのだ。例えば音楽では、ニコラス・
ナボーコフ（『ロリータ』の作者のいとこ）が、議会の
有力な代理人の1人だった。1954年、CIAはローマで行わ
れた音楽祭に資金を提供し、スターリンがリムスキー＝

コルサコフやチャイコフスキーといった作曲家を「権威主義的に」愛したことに、シェーンベルクの12音音楽に触発された異端的な現代音楽が「対抗」した。これは後にビートルズの宣伝に使われることになる。

> 「ナボコフにとって、自然のヒエラルキーを抑圧することを表明する音楽を普及させることは、明確な政治的メッセージであった……」。

また、元共産主義者であるジャクソン・ポロックもCIAの支援を受け、進歩的な人々を支援した。彼の描いた絵は、社会主義リアリズム絵画の権威主義に対して、アメリカの「自由」というイデオロギーを表現しているとされた。

(この共産主義者との同盟は、冷戦以前からあったものだ)。メキシコの共産主義壁画家ディエゴ・リベラは、アビー・アルドリッチ・ロックフェラーの支援を受けていたが、リベラが1933年にロックフェラー・センターの壁に描かれた群集のシーンからレーニンの肖像を取り除くことを拒否し、彼らの協力関係は突然に終了してしまった)。

このような文化と政治の交錯は、「心理戦略委員会」というオーウェル調の名前を持つCIAの機関によって明確に推進された。1956年には、メトロポリタンオペラのヨーロッパ公演を密かに推進し、多文化共生を促すという政治的な狙いもあった。主催者のジャンキー・フライシュマン氏はこう語る。

> 「アメリカは人種のるつぼであり、人種や肌の色、信条に関係なく仲良くできることを証明してきました。メルティング・ポット（人種のるつぼ）」などをテーマにして、「ヨーロッパ人はアメリカでもうまくやっていける」「だから、ヨーロッパ連盟のようなものは十分可能だ」という例として、メットを使うことができる。"

これは、ベン・ワッテンバーグ（Ben Wattenberg）の著書『*The First Universal Nation*』で、アメリカは世界のすべての国と民族を体現しているので、世界覇権の特別な権利があると主張しているのと全く同じである。また、Newt Gingrichをはじめとする新保守主義者たちも同じ見解を示している。このほかにも、現在のネオ・ボルシェビキ思想の最前線に位置するテーマも推進されている。その第一は、道徳的・政治的な普遍主義という、きわめてリベラルな信念である。今日、この信念はジョージ・W・ブッシュの外交政策の理念のまさに中心にある。彼は、政治的価値は世界中どこでも同じであると繰り返し述べ、この仮定を用いて「民主主義」を支援するために米国の軍事介入を正当化しているのである。

1950年代初め、PSB（Psychological Strategy Board、心理戦略委員会）のディレクター、レイモンド・アレンは、すでにこの結論に到達していた。

> 「独立宣言と憲法が具現化した原則と理想は、輸出のためにあり、全世界の人間の遺産である。カンザス州の農民も、パンジャブ州の農民も同じだと思うのです。"

もちろん、思想の普及を秘密工作だけに帰するのは間違いだ。その原因はさまざまだが、大きな文化の流れの中で力を発揮している。しかし、こうした思想の支配が、秘密工作によってかなり促進されることは間違いない。特に、大衆情報化社会の住人は不思議なほど暗示にかかりやすいからである。

新聞に書いてあることを信じるだけでなく、自分でもその結論に達したと思い込んでいるのだ。つまり、世論操作のコツは、まさにバーネイズが理論化し、ミュンゼンバーグが着手し、CIAが芸術にまで高めたものにあるのだ。CIAのエージェント、ドナルド・ジェイムソンによると

> 「このような活動を通じて、CIAはどのような態度を
> とらせたかったのか、それは、自分自身の理性と信念
> によって、アメリカ政府のやることは何でも正しいと
> 説得される人々を作りたかったことは明らかである。
> "

つまり、CIAをはじめとするアメリカの機関が当時行って
いたのは、社会主義革命には「文化的覇権」が不可欠と
主張したイタリアのマルクス主義者アントニオ・グラム
シから連想される戦略を採用していたのである。

最後に、偽情報の技術については、膨大な文献がある。
プロパガンダの一貫性を確保するためには、ジャーナリ
ストとメディアの役割が不可欠であるという、シャコタ
ンによって最初に定式化された重要な事実をすでに述べ
た。「プロパガンダは休暇を取ることができない」と彼
は書いており、*現代の偽情報の重要な規則の一つ、すな
わち必要なメッセージを伝えるには非常に頻繁に繰り返
さなければならないということを定式化している*。とり
わけチャコティンは、プロパガンダキャンペーンは中央
から指示され、高度に組織化されなければならないと主
張する。これは現代の政治スピンの時代には当たり前の
ことになっている。例えば、英国の労働党の国会議員は
、まずダウニング街10番地の広報部長の許可を得なけれ
ばメディアに話すことが許されないのである。

セフトン・デルマーは、この「ブラック・プロパガンダ
」の実践者であり理論家でもあった。デルマーは、第二
次世界大戦中にイギリスからドイツに放送する偽のラジ
オ局を作り、ヒトラーに反対する「善良な」愛国的ドイ
ツ人がいるという神話を作り上げたのだ。実際にはドイ
ツの地下の局であり、公式の局に近い周波数に置かれて
いることで、その虚構が保たれていた。このブラック・
プロパガンダは、米国政府のスピンの武器庫の一部とな
っている。ニューヨーク・タイムズ紙は、米国政府が政
策推進レポートを作成し、それを通常のチャンネルで放

送して、あたかも放送会社自身のレポートであるかのように見せていることを明らかにした。

このような作家は他にもたくさんおり、そのうちの何人かが言及されている。クルツィオ・マラパルテが欧米で最も無視されているのは、彼を知っている人が少ないことが大きい。しかし、今日の議論に最も関連する著作は、1971年にフランス語で出版されたロジャー・ムッキエリの『サブバージョン』であろう。この著作は、偽情報が戦争の補助戦術から主戦術に移行したことを示したものである。戦略も進化し、今や国家を物理的に攻撃することなく、特に国家内の影響力のあるエージェントを利用して、国家を征服することが目的になっているという。

これは、ロバート・カプランが2003年7、8月に『The Atlantic Monthly』に寄稿した論文「Supremacy by Stealth」で提案し、議論したことが本質的である。[5]新世界秩序とアメリカ帝国の最も邪悪な理論家の一人であるロバート・カプランは、アメリカが全世界を支配することを推進するために、不道徳で違法な力を行使することを明確に提唱しています。彼のエッセイでは、アメリカの支配を確実にする手段として、秘密作戦、軍事力、汚い手口、ブラック・プロパガンダ、秘密の影響力と支配、意見形成、その他政治的暗殺のようなものを、すべて彼の「異教徒の倫理」の一般的呼びかけを条件として用いて論じています。

ムッキエリについてもう一つ重要なことは、彼は、偽の非政府組織（いわゆる「フロント組織」）を使って他の国家の内部政治的変化をもたらすことを最初に理論化した一人であるということである。マラパルトやトロツキ

_____

[5] "ステルスによる至上主義"。

ーと同様に、ムッキエリもまた、革命の成否を決めるのは「客観的」状況ではなく、偽情報によって作られた状況に対する認識であることを理解していたのである。また、歴史的な革命は、常に大衆運動の産物であるかのように装っているが、実際には、ごく少数の高度に組織化された陰謀家の仕事であることを理解していた。

実際、ムッキエリは、トロツキーに倣って、クーデターは多数派ではなく少数派の仕事であるからこそ、サイレント・マジョリティーを政治変革のメカニズムから厳格に排除しなければならないと強調したのである。

世論は破壊工作が行われる「場」であり、ムッキエリはメディアが集団的な精神病を作り出すために使われる様々な方法を示した。この点、心理的な要因は極めて重要であり、特に社会の士気を低下させるといった重要な戦略を追求することができるという。敵は自分の大義の強さに対する自信を喪失させなければならないし、相手は無敵だと思わせるためにあらゆることをしなければならない。

第7章

軍隊の役割

第二部、現在の議論に移る前の最後の歴史的ポイントは、秘密作戦の実施と政治的変化への影響における軍隊の役割である。ロバート・カプランは、米軍がいかに「民主主義を促進する」ために使われ、また使われるべきかについて好意的な記事を書いている。カプランは、第三国の政治的変化を促進するためには、現地の米国大使からの電話よりも、米国の将軍からの電話の方が良い場合が多いと主張している。そして、陸軍特殊作戦部隊の将校の言葉を引用し、賛同の意を表している。

> 「ケニアの大統領が誰であれ、その特殊部隊と大統領のボディーガードは同じメンバーで運営されているのです。私たちは彼らを訓練しました。これは、外交的なレバレッジにつながります。"

このような状況の歴史的背景については、最近、スイスの学者であるDaniele Glaserが、その著書『*NATO's Secret Armies*』の中で論じている。

彼の記述は、1990年8月3日に当時のイタリア首相ジュリオ・アンドレオッティが、第二次世界大戦の終わりから自国に「グラディオ」と呼ばれる秘密軍隊が存在し、それはCIAとMI6によって作られ、NATOの「異種戦争」部門によって調整されていたと認めたことから始まっている。

ここでもまた、クルツィオ・マラパルテの著作は、欧米では軽視されている。こうして、グレーザーは戦後のイ

タリアで古くから伝えられてきた噂の一つを立証したのである。グラディオとは、ソ連の占領に抵抗するためにアメリカが西ヨーロッパに作った秘密軍事組織のことであり、そのネットワークが選挙に影響を与え始め、テロ組織と不吉な同盟を結んでいるのではないか、という疑惑は、捜査官を含む多くの人が以前から持っていた。特にイタリアは共産党の勢力が強いので、ターゲットにされた。

元々、この秘密部隊は侵略の可能性を防ぐために作られたものだ。しかし、侵略がない場合は、政治プロセスそのものに影響を与える秘密作戦に早々とシフトしているようである。特にイタリアの選挙では、PCIが政権をとるのを阻止するために、アメリカが実際に大規模な介入をしたことを示す十分な証拠があるのです。そのためにアメリカからイタリアのキリスト教民主党に何百億円も支払われたのです。

さらにグレーザーは、グラディオ細胞が共産主義者のせいにするためにテロを行い、国民を脅してテロから「守る」ための国家権力の追加を要求する証拠があるとさえ主張する。グレーザーは、この爆弾の一つを仕掛けた男、ヴィンチェンツォ・ヴィンチグエラの言葉を引用し、彼が歩兵であったネットワークの本質をきちんと説明している。

これは「安定させるために不安定にする」戦略の一環であるという。

> "政治的な駆け引きとは無縁の民間人、人々、女性、子供、無実の人々、無名の人々を攻撃することが必要だった。理由はとてもシンプルだった。それは、この人たち、つまりイタリア国民に、もっと安全にしてくれと国に頼みに行かせるためだった。これは、国家が自らを非難することも、起こったことの責任を宣言することもできないため、処罰されないすべての虐殺や

攻撃の背後にある政治的論理である。"

9.11をめぐる陰謀論との関連は明らかだ。グレーザーは、これがグラディオが行ったことだという確かな証拠を豊富に提示し、彼の主張は、赤い旅団のような極左グループとの同盟という興味深い可能性を浮き彫りにしている。アルド・モーロが誘拐され、その直後に殺害された時、彼は社会党と共産党の連立政権のためのプログラムを発表するためにイタリア議会に向かう途中だったのである。

新世界秩序の新たな段階は、新世界秩序の管理者たちが最近の成功に勇気づけられて、彼らの計画がかなり透明になっていることを気にしないことから、「陰謀を超えた時期」と呼ばれている。陰謀を超えた」段階を判断する最も顕著な方法の一つは、新世界秩序の管理者の新しい政策、すなわち標的国への武力侵略を行う代わりに、革命（実際にはクーデター）を起こすことを取り上げた文書を探すことである。ここでも、クルツィオ・マラパルテの文章がすべての根底にあるようだ。

どうやら、ベトナム戦争の失敗、1991年と2002年の米軍によるイラク侵攻を経て、300人委員会は、地上での軍事衝突よりもクーデターが望ましいと確信したようである。これは空爆を否定するものではないが、1944〜1945年のドイツへの大規模爆撃のような規模でない限り、爆撃だけでは対象国の既存の秩序を克服することはできないことも立証されている。

世界各地で次々と勃発する「革命」は、このような観点から見るべきだろう。2003年11月、グルジアのエドワード・シェワルナゼ大統領が、デモや行進、議会選挙が不正に操作されたとの疑惑を受け転覆したとき、「陰謀を超えた」新しい政治が本格的に開始された。この疑惑は、西側メディアで広く取り上げられたが、選挙違反を立証する信頼できる証拠はまったく出てこなかった。

その1年後の2004年11月、ウクライナでいわゆる「オレンジ革命」が起こり、国を二分する不正選挙が行われたのと同じ非難を浴びました。ウクライナは親ロシア派が多く、選挙での不正はウクライナの歴史的なロシアとの関係を維持するためには必要なかったはずだが、2004年の出来事（事実上のクーデター）により、NATOとEUの常任理事国になる道が開かれたのである。

自然発生的な人民革命の神話が残っていることは、気が滅入る。文書やさまざまな出版物に見られる事実をざっと調べても、それが神話以上の、あえて言えば、あからさまな嘘であることがわかるからだ。確かに、いわゆる「オレンジ革命」の背後にいる米国の組織は、マラパルテの考えに大きく影響され、ワシントンからの無制限の資金に支えられ、西側メディアとCIAが進んで協力したが、革命が起こるための前提条件が必要であると言ったのは間違いであった。マラパルトにとっても、トロツキーにとっても、政権交代は、西ヨーロッパの安定した民主主義国家を含むどの国でも、それを実現しようとする十分な決意を持った集団がいれば、推進できるものであった。

CIAにとって、非共産主義の左派を振興する戦略は、「今後20年間の共産主義に対するCIAの政治活動の理論的基礎」となるものであった。

この戦略は、アーサー・シュレシンジャー著の『バイタル・センター』（1949年）に描かれている。Stonor Saundersが書いています。

> "左翼団体を支援する目的は、潰したり支配したりすることではなく、むしろこれらの団体と控えめな距離感を保ち、その考え方を監視し、怒りをぶつけるための口を提供し、極端に言えば、彼らの行動が「過激」になりすぎた場合には、最終拒否権を行使することであった。"

左翼の影響力は様々な形で感じられます。アメリカは、「反動的」なソ連に対抗して、進歩的なイメージを打ち出そうとした。しかし、今日の議論に最も関連するのは、1971年にフランス語で出版されたロジャー・ムッキエリの著書『Subversion』だろう。この本は、偽情報が戦争の補助戦術から主要戦術へと変化したことを明らかにしている。

その戦略は非常に進化しており、今や国家を物理的に攻撃することなく、特に国家内の影響力のあるエージェントを利用して、国家を征服することが目標になっているという。これは、ロバート・カプランが2003年7、8月に『アトランティック・マンスリー』誌に寄稿した論文「Supremacy by Stealth」で提案し、論じたことが本質的なものである。

新世界秩序とアメリカ帝国の最も邪悪な理論家の一人であるロバート・カプランは、アメリカが全世界を支配することを推進するために、不道徳で違法な力を行使することを明確に提唱しています。彼のエッセイでは、アメリカの覇権を永続させる手段として、秘密作戦、軍事力、汚い手口、ブラック・プロパガンダ、秘密の影響力と支配、意見形成、政治的暗殺などの利用について、すべて彼の「異教徒の倫理」の一般的な呼びかけに従いながら、論じているのです。

第8章

イラクの恥

対象国の完全性と生存能力を侵食することは、常に西洋の植民地プロジェクトの意識的な目的であった。既存の現実に対する不安定さや不満を生み出すことは、先住民を「飼い慣らし」、支配的な階層モデルに統合するために必要な前提条件であった。今日、私たちはもちろん、植民地主義は過去のものだと言われています。国際社会の大国は、もはや恵まれない隣国を奴隷にしようとするのではなく、むしろ健全な競争によって課せられた制限の範囲内で、グローバルな博愛の政策を追求しているのです。この奇跡的な転換がいつ起こったかは分からないが、おそらく世界の貧富の差が大きくなるのと並行して、徐々に起こったのであろう。いずれにせよ、イスラム世界の現状を見れば、この愚かな幻想を打ち砕くには十分である。

イラクの社会がますます混沌としていく中で、様々なコメディアンやコメンテーターが、指導者たちの無能さや愚かさを指摘している。しかし、最近『*Canadian Spectator*』が示唆したように、もし米国が道化師に率いられていなければ、それはそれで良いことだろう。

> 「イスラム世界における混乱、貧困、内戦は、予期せぬ結果であるどころか、まさにアメリカの政策の目的である、というのが結論だ。

このような現状になったのは、今申し上げたように、300人委員会が、これまで活動してきた世界的な陰謀の影か

ら、陰謀を超えたオープンな場に出てきたためである。もはや見せかけではなく、「一つの世界政府」の中の「新世界秩序」が公然の目標として掲げられているのです。対テロ戦争の引き金となった9.11と同様、今日のイラクの悪夢のシナリオを説明するには、無能であることが望ましいとされている。西側諸国の家畜化された人々にとっては直感に反することだが、イラクを民族ごとに意図的に分断する計画は、公表された文書によって十分に確認されている。古いシオニストの計画を復活させ、米国外交問題評議会は最近、「不自然なイラク国家」を解体するよう求めた。その民族的多様性から、イラクは20世紀初頭の恣意的な植民地決定の産物であり、偽りの人工的構築物であると言われている .この判断は世界の多くの国に適用できるものだが、ケベックやバスク、北アイルランドの国家主権に疑問を呈することなど夢にも思わない多くの「専門家」がこのテーマを熱狂的に支持している。典型的なのは、ネオボルシェビキの政治アナリスト、マイケル・クレア氏が最近、イラクを「発明された」国だと言ったことだ。

> "...イギリスは、この地域での石油開発を容易にするため、旧オスマン帝国の3つの州を返還し、後にサウジアラビアとなる国から偽の国王を迎え入れ、架空の「イラク王国」を作ったのである。"

ブッシュ政権の侵略正当化のインチキを受け入れ、クラレはスンニ派の抵抗は、将来の分割で石油収入の取り分を増やしたいからだとした。抵抗運動が「スンニ派」にとどまらず、イラクのナショナリズムや自決の必要性に突き動かされているのではないかという考えは欠落している。結局のところ、西洋の学者たちが、自分たちの好きな国の形を変えることを気軽に決めてしまうのは、「300人委員会」の遺産が続いているからなのである。

19世紀の古典的なスタイルで、イラクは5千年の歴史があ

るにもかかわらず、いまや自力で管理することができず、したがってその運命は外部勢力によって決定されなければならない、と語るのだ。1991年の6週間にわたる史上最大の空爆作戦（国連によれば、イラクは「産業革命前」の状態に陥った）に耐え、12年間にわたる最も残忍で破壊的な制裁を生き延び続けた国が、今では欧米の専門家と呼ばれる人々によってあっけなく歴史から見放されようとしています。彼らの論文を支持するために、「人道的介入」暴力団によって煽られた古代の宗派間憎悪の神話が、「宗派間」攻撃の起源を疑わず、普通のイラク人の意見（彼らは占領軍と傀儡政権が組織した混乱を非難する）を報道しないジャーナリストによって毎日繰り広げられるのだ。

イラク占領の準備は、1991年の最初の攻撃の後、ほとんどすぐに始まった。さらに、この「砂漠の嵐」と呼ばれる不法な攻撃は、合衆国憲法によって認可されておらず、合衆国憲法が主に基づいている「聖書」であるエメリッヒ・ヴァッテルの「*国際法*」にも何の権威も見いだせないため、合衆国は中世、あるいはその後のモンゴルのヨーロッパ侵略に匹敵する野蛮な谷へと崖っぷちから転落してしまったのである。

「砂漠の嵐は最悪の無法地帯であり、そのために米国は高い代償を払わなければならない運命にある。ジョージ・ブッシュ・シニアの独断で、国際法および合衆国憲法に著しく違反する飛行禁止区域が国の北と南に設定され、すでに国を相互に対立する3つの地域に分割していた西側メディアの不敬な黙認によって、古今東西の歴史の中で一国を襲う最悪の残虐行為の舞台が整えられたのである。

2003年にサダム・フセイン政権が崩壊した後、博物館が組織的に略奪され（17万点が消失）、図書館が焼失したことがその最初の兆候であった。その後、占領軍の初代

責任者であるジェイ・ガーナー将軍が、イラク軍を維持し、連合政府を作ることを提言すると、ラムズフェルド国防長官が彼を解任したのである。後任のポール・ブレマーは、軍隊をはじめとする重要な国家機関を解体し、その過程でイラクの石油収入90億ドルほどを「失った」のである。

傀儡軍は、ほとんどクルド人とシーア派で構成されていた。一方、無名の暗殺者がイラクの学界を狙い始め、ついにはイラクから大量の「頭脳流出」を引き起こし、国の復興力をさらに弱めることになった。武装野党の活動が活発化すると、宗派間の対立をあおり、イラクのレジスタンスに泥を塗るための秘密工作のような出来事が続きました。以下は、最も疑わしい事件の概要である。

占領から4カ月後、国連本部をトラック爆弾が襲い、特使のセルジオ・ビエイラ・デ・メロ氏ら19人が死亡したとき、ブレマー領事は「サダム派か外国人反乱軍か」という二つの可能性を示唆した。しかし、暫定政府のアハメド・チャラビは、前週にこの攻撃を警告していた。チャラビは、「簡単な標的」が攻撃されると警告されていたが、それは「連合当局でも連合軍でもない」という。しかし、その日、警備を撤収した国連には、何の警告もなかった。

2003年11月、ゲリラ作戦が米軍に大きな損害を与えると、メディアと暫定政府当局は宗派間の洗脳工作を始めた。数週間にわたり内戦を憂慮する声が聞かれた後、ケルバラとバグダッドで組織的な爆発が起こり、シーア派の民間人143人が死亡した。もし*スンニ派の暴力的な集団がアメリカをイラクから追い出そうとしているのなら、なぜ彼らはシーア派の人々、つまりイラク人の60パーセントを敵に回そうとするのだろうか?"*答えは出ず、無分別な攻撃は増えていった。

2004年2月初旬、米国当局は、イラクから内戦を煽るため

に「アルカイダ」に協力を求めるメッセージを傍受した
と主張した。その矢先に、イスカンダリヤという小さな
町で、シーア派50人が死亡する爆発が起きた。テロが内
戦の恐怖を高めている」と『インディペンデント』紙は
報じ、例外なくこの爆発をアメリカの空爆によるものと
する町の住民の意見と矛盾している。"頭上からヘリコプ
ターが聞こえ、爆発の直前にはミサイルの爆音が聞こえ
たそうです。

爆発は深さ1.5メートルのクレーターを残し、自動車爆弾
というよりミサイルのようなものであった。

親会社と同じように、このグループも何一つ真実味がな
い。2004年まで、スンニ派だけの組織であるアルカイダ
は、シーア派に対して言葉を発したことがなかった。し
かし、イラクの抵抗運動が勢いを増すと、亡くなったと
思われていたヨルダンの過激派アブ・ムサブ・ザルカウ
ィが突然、再登場したのである。シーア派の「異教徒」
に対する戦争を呼びかけ、米国をイラクから追い出すこ
とよりも、民間人に対する無慈悲な攻撃という特徴を持
つキャンペーンを並行して行ったのだ。

その後数年間、アメリカがイラクで大規模な攻撃を仕掛
けるたびに、ザルカウィが潜伏していることが都合よく
「発見」された。2004年11月のファルージャ攻撃は、白
リンによって行われ、廃墟の下で少なくとも6000人の死
者を出した。しかし、米国の監視は非常に厳しく、片足
が木のザルカウィが初日に逃げ出すのが目撃されたよう
だイラク人の間では、多才なザルカウィは、必要な場所
に現れることができる一種の移動式大量破壊兵器とみな
されていた。彼の話は最後まで信じられず、公開された
写真には、5001b爆弾で死んだ男の少しあざのある死体が
写っていた。イラクでほぼ毎日起きている数々の捏造
された状況について言えば、真実は小説よりも奇なり、で
あることは間違いない。

2004年4月、ゲームは順調に進んでいた。ファルージャは、レジスタンスの公開支配下に置かれた最初の主要都市となった。同時に、アメリカの弾圧はシーア派のメフディ軍による蜂起を誘発し、アメリカは2つの戦線を戦うことになったのだ。4月9日には、バグダッド最大のスンニ派モスクで、スンニ派とシーア派の20万人が集団礼拝に集まり、主要説教者が、内戦の可能性をアメリカの占領延長の口実と嘲笑した。

米国は、ファルージャを奪還するために空から爆撃を行い、世界中から抗議の声を浴びせた。そして、アブグレイブ拘置所での組織的拷問の写真がマスコミに流出し、米国が世界世論に保っていたわずかな信用を失墜させたのである。しかし、この悪評から目をそらすために、これまで知られていなかった過激派グループが外国人を誘拐し、誘拐犯の要求が満たされないと、誘拐された被害者がカメラに向かって首を切られるという恐ろしいビデオを頻繁に流すようになった。

最初の犠牲者は実業家のニック・バーグで、アブグレイブでの「報復」とされるものであった。この殺人は、アル・ザルカウィの仕業とされるが、独立系メディアが処刑映像の信憑性に疑問を呈し、注目されるようになった。この映像は、まずロンドンからインターネットにアップロードされたことが立証され、メキシコの法医学者が映像を検証した結果、映像に映った男性は斬首されたときすでに死体だったという見解が大勢を占めた。

イギリス系アイルランド人の援助活動家であるマーガレット・ハッサンは、30年間イラクに住み、国連の制裁と英米の侵攻に反対し、困っているイラク人の福祉のためにその生涯を捧げたのです。だから、2004年秋に彼女が出勤途中に拉致された時、イラクの人たちは信じられなかった。自発的な情報キャンペーンが行われ、ハッサンが病気のイラクの子供を抱いているポスターが首都のビ

ルボードに掲載された。"マーガレット・ハッサンはまさ
にイラクの娘
"と書かれていました。イラクの病院では患者が人質犯に
抗議するために街頭に立ち、ザルカウィの亡霊など著名
な抵抗勢力も彼女の解放を求めた。

捕虜は具体的な要求をしなかったが、ハッサンは捕虜の
ビデオの中で、イギリス軍の撤退を訴えた。これまでの
ケースでは、グループは自分たちを特定し、ビデオを使
って要求を出していた。しかし、マーガレット・ハッサ
ン誘拐事件は、最初から違っていた。このグループは、
特定の名前や、自分たちを識別するためのバナーやフラ
ッグを使用していない。彼らのビデオには、通常のフー
ドをかぶったガンマンやコーランの朗読は登場しない。
他の拉致された女性も「捕虜が無実を認めたとき」に解
放されている。しかし、ハッサンの場合はそうではなか
った。たとえ彼女がアラビア語を流暢に話し、自分の仕
事を捕虜の母国語で説明できたとしてもだ。彼女の処刑
を撮影したと称するビデオがすぐに出回り、イラク人男
性のムスタファ・サルマン・アル・ジュブーリが、誘拐
を幇助した罪でバグダッドの裁判所から無期懲役の判決
を受けた。現在までのところ、どのグループもこの行為
の責任を主張していません。

ニューズウィーク』誌が、イラクの抵抗勢力とその支持
者を抹殺するために国防総省が死の部隊を使う計画を報
じたのは、匿名の殺人者の犠牲となった死体の山が道端
に現れ始めてからかなり後のことである。1980年代に中
米で行われた同様のキャンペーンにちなんで名付けられ
た「サルバドールのオプション」は、その後、急成長す
る死の部隊に内務省が関与していることが報告され、確
認された。犠牲者が増えるにつれ、メディアは、スンニ
派の狂信者が罪のないシーア派の市民を標的にしている
というレンズを通して、このストーリーをろ過していっ
た。しかし、事実は違うことを物語っていた。戦略国際

問題研究所の報告書によると、レジスタンスの攻撃の大部分（75％）は連合軍を狙ったもので、他のどのカテゴリーよりもはるかに多い（攻撃は量、標的の種類、死傷者数によって分類されている）。

メディアのイメージとは異なり、民間人を標的にした攻撃は4.1％に過ぎない。バグダッドで30万人のシーア派が1958年以来最大の民衆デモを行った後、ジュナイド・アラム氏はこう疑問を呈した。

> 「もし、同じように占領に反対しているスンニ派の武装抵抗勢力が自分たちを殺そうとしていると考えていたら、これほど大量のシーア派が占領への抗議に現れただろうか。"

2005年、自動車爆弾の使用は劇的に増加し、罪のない民間人を標的にすることも少なくなかった。ザルカウィ・ネットワークはイラクに1000人もいないとされているが、聖戦のために命を捧げる人材は無尽蔵にいるようだ。しかし、別の説もある。

2005年5月、元イラク亡命者のイマド・カドゥーリ氏は、バグダッドで免許証を没収された運転手が米軍キャンプで30分ほど尋問され、告訴はしないと言われ、その後アル・カディミヤ警察署で免許証を返してもらうように指示されたことを報告している。

運転手は慌てて車を走らせたが、すぐに自分の車が重い荷物を積んでいる印象を受け、さらに自分の後を追うように低空飛行を続けるヘリコプターに警戒心を抱くようになった。車を止めたところ、後部座席に100キロ近い爆薬が隠されているのを発見した。この事件で唯一考えられるのは、この車がアメリカによってブービートラップを仕掛けられ、バグダッドのシーア派地区であるアルカディミヤに向かう途中だったということである。ヘリコプターはその動きを監視し、計画された「外国人勢力による醜悪な攻撃」を目撃していた。"

(モスルでは、免許証を取りに行った警察署に向かう途中
で、運転手の車が故障するというシナリオが繰り返され
たとカドゥーリ氏は言う）。そして、振り返ってみると
、スペアホイールに爆薬が積まれていたのである）。

同月、ヒラからバグダッドにトマトを運んでいた64歳の
農夫ハジ・ハイダルは、米国の検問所で止められ、ピッ
クアップ・トラックを上から下まで調べられた。11歳の
孫は、米兵がトマトの容器の真ん中にメロン大の灰色の
物体を置くのを見た、と言った。

ハイダーは、この車が自分の唯一の仕事場であることに
気づき、最初は走りたい気持ちを抑えて、トラックから
物を取り出して近くの溝に置きました。後に、その物体
が爆発し、通りかかった羊飼いの羊の群れの一部を殺し
てしまったことを知ることになる。

この時、イラクの伝説的なジャーナリスト「リバーベン
ド」は、いわゆる自爆テロの多くは、実は遠隔操作で仕
掛けられた自動車爆弾や時限爆弾であったと書いている
。バグダッド西部での大爆発の後、一人の男が国家警備
隊を銃撃した疑いで逮捕されたことを伝えている。しか
し、この男性の隣人によると、彼は誰かを撃つどころか
、……を見てしまったのだという。

> ...この地域を通過したアメリカのパトロール隊は、爆
> 発の数分前に爆弾のある場所に立ち寄りました。彼ら
> が去った直後、爆弾が爆発し、大混乱に陥った。彼は
> 家から飛び出して、近所の人や通行人に「アメリカ人
> は爆弾を仕掛けたか、爆弾を見ていながら何もしなか
> ったんだ」と叫んだ。すぐに連行された。

2005年9月19日、バスラで、不審なイラク人警官が、トヨ
タ・クレシダに乗った私服の英国兵を呼び止めた。その
後、2人は発砲し、警官1人を殺害、1人に負傷させた。最
終的に捕まった彼らは、BBCによってエリート特殊部隊S
ASのメンバーであることが確認された。兵士はカツラを

かぶり、アラブ人の格好をしており、車には爆発物や牽引装置が満載されていた。イラク国民議会議員のファッタ・アル・シェイク氏は、アルジャジーラに、車は人気のあるバスラ市場の中心で爆発するはずだったと語った。しかし、彼の説を裏付ける前に、イギリス軍の戦車が現地の獄舎を破壊し、邪悪な諜報員を解放してしまった。占領3年目には、宗派間の混乱を画策する計画がより鮮明になってきた。ある事件では、バグダッド警察がシーア派メフディ軍司令官に、マダイン村付近の武装集団が150人のシーア派市民を人質にしていると通報した。

民兵が解放交渉のために兵士を送り込んだところ、銃撃を受け、少なくとも25人が死亡した。民兵の補佐官であるメフディは、「これは仕組まれたことだと思う。銃撃が激しすぎた」と述べ、攻撃者はスナイパーと重機関銃を使用したと付け加えた。町民は人質の存在を知らず、現場でも人質は発見されなかった。執拗な宗派洗脳の効果は明らかであったが、イラク人は内戦という考えを拒否し続けた。

しかし、サマラの「黄金のモスク」が破壊された後、イラクでの殺戮の規模は飛躍的に増大しています。モスクの警備員によると、この重大な攻撃を行った者は、イラク国家警備隊の制服を着ていたそうです。ずっとパトロールしていたイラク国家警備隊と米軍の合同部隊が、事前に計画された「対応」の一環として、民兵によるスンニ派モスクの襲撃を目撃したのである。'

しかし、一般のイラク人の反応は全く違っていたと、サミ・ラマダーニ氏は言う。

> ほとんどが自然発生的な抗議デモ行進で、スンニ派のモスクに向けられたものはなかった。爆撃された神社の近くでは、地元のスンニ派が少数派のシーア派とともに、占領を非難し、この暴挙の責任を共有していると非難している。クトでは、サドルのマフディー軍が

> 率いる行進が、アメリカやイスラエルの国旗を燃やし
> た。バグダッドのサドル・シティ地区では、占領に反
> 対する大規模なデモ行進が行われた。

しかし、欧米のメディアは、あらゆる事件を、取り返し
のつかない社会的崩壊の証拠として取り上げることがで
きるようになった。コラムニストのダニエル・パイプス
は、宗派間の争いがあれば、イラク人同士が争うので米
軍への攻撃は減るだろうと、好意的に受け止めている。
その後、Fox Newsで「The upside of civil war」「All-out
civil war in Iraq: Is it a good
thing」という画面キャプションとともに、彼のコメント
が繰り返された。"

イラクへの恐ろしい植民地攻撃を正当化する鍵は、執拗
なプロパガンダの捏造にあった。証明はできないが、ブ
ッシュ政権の中にクルツィオ・マラパルテを研究してい
る人がいるはずである。

プレイメーカーのトーマス・フリードマンは、サダムの
イラクをリンチのあった当時の民族隔離されたアラバマ
に例えていた。シーア派とクルド人は人間以下と見なさ
れていた。

保健大臣はクルド人であり、政府には2人のシーア派首相
（サドゥーン・ウマディとモハメド・アルズバイディ）
がいるが、副大統領がキリスト教であることは、フライ
ドマンの「分析」を邪魔することはなかった。実際、イ
ラク人は、自分たちが責任を負うべき指導者や役人の宗
教や民族について質問することはほとんどなかった。そ
れは、彼らにとっては、単に関心のないことだった。

一方、「人権」派は、『インディペンデント』紙のヨハ
ン・ハリのような宣伝担当者が、地獄のような政権が毎
年7万人もの国民を（誰にも気づかれずに）殺している国
の姿を二次元的に描いているのである。しかし、バース
政府の犯罪が認められているにもかかわらず、1990年代

のバグダッドを歩けば、戦車、自動車爆弾、誘拐、空爆、燃料不足、停電、広大な収容所などに遭遇することはなかった。そして、サダムの犯罪の規模がどうであれ、アメリカの占領軍の犯罪とは比べものにならない。

サダムは、政府や軍隊、市民機関を解体し、博物館を略奪し、教師や知識人を殺し、キリスト教徒やスンニ派を民族浄化し、宗派間の暴力を扇動するつもりはなかったのである。サダムは、栄養失調を増やし、飲料水の流れを悪くし、電気を止め、社会的セーフティネットを取り除き、貧困と失業を増やし、イラク人を生存のための悪質な争いに巻き込むつもりはなかったのだ。

サダムは新保守主義の「創造的破壊」理論にはかなわない。国全体を意図的に混乱に陥れ、イラク社会の構造を破壊し、民兵に保護を求めるようにしたのだ。実は、世界の石油生産のピークが近づくと、米国のパワーブロックが致命的に弱体化する恐れがあるのだ。

したがって、地球上で最も戦略的に重要な地域にある独立した石油資源国家であるサダムのイラクを存続させるわけにはいかなかったのだ。しかし、占領に対する抵抗が激しく、米国は有事対応策に頼らざるを得なかった（もちろん、公式には何もなかったのだが）。この計画では、Oded Yinonが提案した三者鼎立のバルカン化に近いものが進められている。既存の独立国家は解体され、弱く従順な保護国の集合に取って代わられることになる。

具体的な内容は全く異なるかもしれないが、工学的に作られたユーゴスラビアの解体は、このバラバラのモデルになることは間違いないだろう。

> 1990年代になると、アメリカ主導の国際社会は国家建設に関心を示さなくなった」とダイアナ・ジョンストン氏は書いている。国民国家の脱構築は、経済のグローバル化という施策と相性が良かったのです」。

この目的のために、イラクでもユーゴスラビアでも、米国は「国家分割者」や宗派の狂信者と手を結んだが、一方で国家主権を守ることを公然と主張したのであった。誤解のないように言っておくと、ネオ・ボルシェビキのイデオローグたちは、「自然な」宗派間の緊張は、それをコントロールする抑圧的な国家がなければ、必然的に発生すると言っているのである。したがって、彼らの慈悲深い指導のもとで、イラクはその民族的構成要素に分解されることを許されなければならない。

1991年のイラク爆撃とジョージ・ブッシュ・シニアによるアメリカの覇権による「新世界秩序」の発表の後、外交政策フォーラムでは事実上、国民国家の廃絶が宣言された。実は、第二次世界大戦後、欧米の開発モデルが世界的に押しつけられたことで、国家の伝統的な独立性はすでに失われていたのである。新しい」イデオロギーとは、単に現場の事実を認識することであった。ソビエト連邦の崩壊後、反民族国家イデオロギーの有名な提唱者たちは、世界のすべての民族がグローバルで都市的、資本主義的、消費主義的な生活様式に統合される「歴史の終わり」の接近を予測した。

このようにして、「過去の紛争の背後にある文化、価値、信念の混沌とした多様性」は、政治的・文化的な均質化の一般的なプロセスの中で抑圧されることになる。しかし、世界中の人々が自分たちの未来を切り開くことを選択し、超エリートの助言に耳を貸さなくなってきているのです。イラクでは、グローバルな意識がどこよりも強いのです。

そのため、本格的な宗派対立の勃発は予想されなかった。武装抵抗勢力がアメリカとの戦いを激化させ、サラフィー・ジハード主義のテロリストと公然と対峙する中、あるペンダントがイラク人の間で非常に人気を博している。街中やテレビで、女性司会者がニュースを読みなが

ら着ているのを見かけます。ペンダントはイラクのよう
な形をしています。

テレビ局がファルージャで世界最強の軍隊に対抗してカ
ラシニコフを振り回すティーンエイジャーを映したとき
、その映像は最も重要な闘いを示唆した。しかし、武装
抵抗勢力と並んで、ジャーナリスト、知識人、労働組合
員、あらゆる階層のイラク人が、それぞれの立場で軍産
権力に立ち向かっている。

第9章

陰謀を超えた戦争計画

いわゆる「危機的状況」がすべてそうであるように、「危機」は捏造された状況から生まれた。ルシタニア号の沈没、日本軍の真珠湾攻撃、トンキン湾での魚雷艇による米艦隊への攻撃疑惑は、ジョンソン大統領が米軍をベトナムに派遣することを可能にした、まさにその好例と言えるでしょう。ユーゴスラビアへのいわれのない攻撃も、2001年にイラクが架空の「大量破壊兵器」を持っているという口実で攻撃したのも、こうしたでっち上げられた状況の延長線上にあることを、私は証明できたのではないかと思っている。クリントンが命じたユーゴスラビアへの戦争に至るまで、何が起こったのか、その真実を伝えるには、故ミロシェビッチ大統領の口から聞く以外に方法はないだろうと思う。

まず、故ミロシェビッチ大統領について言えば、欧米のマスコミの記述は的外れだった。知的で落ち着いていて威厳があり、自分が何者であるかを知っていて、自分を宣伝する必要のない人物であったという。

父親が借りていたアパートのオーナーの貴重な美術品コレクションを盗んだ責任を問われたオルブライトとは違い、ミロシェビッチの誠実さには、複数の中立的な外国政府代表から「常に自信と威厳を持って行動している」というコメントが寄せられていた。

故ミロシェビッチ氏は、事件の説明の中で、対セルビア戦争の扇動者が誰であるかを明らかにした。

"ユーゴスラビアは、異なる文化、異なる遺産を持ち、あまり不和なく暮らしている近代的な連邦国家であり、誰がマケドニア人か、誰がクロアチア人か、などの問題は、外から、特にアメリカのホルブルックによって押しつけられたものだった。問題が発生したのは、その時である。クロアチア人の一部がボスニアに住んでいたりするのに、彼らの福祉に関心のある人がユーゴスラビアの解体を煽り始めることはないだろう？それともイスラム教徒？そして、小さな国家に分割された私たちはどうなるのでしょうか？

ヨーロッパでは、文化や民族の違いを認めることはありません。文化や民族の違いを尊重した上で、それぞれの国が新しい方式を必要としているのです。ユーゴスラビアにはそんな掟があった。NATOは同盟国であるはずです。同盟とは、対等な国家を意味します。しかし、実際には、NATOはアメリカの支配者が押し付けた戦争マシンである。最強の国家である米国が指導的役割を目指すのは理解できる。アメリカ人は慈悲深かったかもしれない。しかし、その代わりに、あなた方はシーザーの道を選び、血を流し、国々を殺しました。世紀どころか、ミレニアムを逃したわけだ。悲劇的でなければ、滑稽である。

すべてが透明になった。このごく簡単な歴史を考えてみましょう。1997年10月、南東欧諸国の首脳が一同に会した。私たちは、非常に良い理解を築きました。自分たちで何かやろうよ」と提案したのです。私たちの間の関税を撤廃しよう。ミーティングはとてもうまくいった。アルバニアのファトス・ナノ首相とは、直接会って素晴らしい議論をした。国境を開放しようという話になり、コソボは我が国の内政問題だと言われた。この会議のメッセージは、「南東ヨーロッパでは、相互の協議によって物事が解決される」というものであった。その1カ月後、ドイツのクラウス・キンクル外相とフランスのユベール・ヴェドリン外相から、「

アルバニア人を非常に心配している」という手紙が届いた。そしてもちろん、BND（ドイツの諜報機関）は1998年にいわゆるKLAを組織した。彼らは銃を撃ち始め、郵便配達員や森林労働者を殺し、カフェや青空市場の近くで爆弾を投げ込みました。私たちは、他の国家と同じように反応しました。1998年の夏には、それらは破壊され、なくなっていた。その時、バルカン半島の特使リチャード・ホルブルックがここにやってきて、彼の武装した人員をオブザーバーとしてコソボに入れるよう主張し、私たちは話をしたのです。私たちの議論はもどかしいものでした。ある日、問題を解決しても、次の日にはホッルブルックが開き直るのです。私は「でも、この問題は昨日解決しましたよ！」と言いました。".そして、「指示」と言うのです。彼は2万人のいわゆる武装監視員を送り込もうとした。これには、NATOに爆撃されるという脅しもあった。

私たちは、この脅迫の被害を最小限に食い止め、世界の世論を動かそうとした。同時に、ホルブルック氏の要求を2万人から2千人に、武装監視員から非武装監視員に引き下げたのだ。だから、純粋な武力侵攻ではないんです。しかし、それは我々の主権に対する攻撃であることに変わりはない。彼らは、犯罪者であるウィリアム・ウォーカーをオブザーバーの責任者に据えた。エルサルバドルで決死隊と一緒に働いていた男だ。外交官と思われていた彼の監視役たちは、アメリカの民間企業「ダイナコープ」を隠れ蓑にした諜報員だったのだ。ロッキード社と同様、ダイナコープ社も政府・軍との契約によってすべての利益を得ている。ペンタゴンをはじめ、さまざまな米国政府機関に情報を提供する民間スパイ機関である。

ウォーカーは、エルサルバドルでの専門知識をもとに、偽の大虐殺「ラチャック」を創作した。ラチャックは、マドレーン・オルブライトによって、ランブイエでの交渉の最後通牒を正当化するために利用された。

交渉するか、空爆されるか、と言われた。もちろん、国際法上、脅迫の結果生じた条約には法的拘束力がない。しかし、それは彼らの関心事ではない。私たちは、このいわゆる交渉の場を利用して、私たちの立場を説明することにしたのです。私たちの代表団は、私たちの国のグループの複合体である。セルビア人、アルバニア人、ゴーラニ（スラブ系イスラム教徒）、ロマ（ジプシー）、トルコ人などの民族が含まれていた。KLA（コソボ解放軍）以前のコソボの構図は、彼らのほとんどを追い出してしまったのです。一方、ランブイエの「合意」の全文は、私たちの代表団がフランスに到着する3日前に、アルバニアの出版物に掲載された。ほらね？事前に下書きをしていたのだ。私たち代表はそれを読みました。そのうちの1人が、それをアメリカ人に見せて、「ほら、ひどい出来だ」と言ったんです。これはガラクタだ。すると、アメリカ人の一人が「何を言っているんだ」と言った。用意したのはジェームズ・オブライエン!最高の男の一人だ！チベット自治のための文書をすべて書いたのは彼だ。これが、私たちが抱えていた課題です。クリントンについてはどうでしょうか？第一次、第二次世界大戦の責任はセルビア人にある、と。イスラエルの新聞社から、反セルビアメディアの悪魔化はジェノサイドの一種ではないか、と質問された。結局、この悪魔化は、ほとんど民間人を爆撃し、普通の生活、民族の生活を破壊することからなる空戦を正当化するために使われたのである。

セルビア人は、第二次世界大戦以降、ヨーロッパで唯一空爆を受けた人々である。22,000トンの爆弾が投下された。メディアの嘘の雪崩がなければ、欧米の一般市民は決して許さなかっただろう。つまり、悪者扱いは戦争マシンの重要な一部であり、国際的な抗議を制限するものだったのです。大虐殺の一部だったのです。NATO諸国の人々は、まだ自分たちが嘘をつかれていることに気づいていない。そして、それが自分たち

の社会に与えたダメージに気づいていないのです。クリントン政権は、一見民主的な制度機構に嘘を持ち込み、民主主義の可能性を阻んだ。嘘に基づいた考え方をしている人が、どうして選択できるのでしょうか。

ユーゴスラビアの破壊は、アメリカやその他の勢力が新しい植民地主義に従事していることの物質的な証拠である。世界的な統合という彼らの立派な言葉が本当なら、ユーゴスラビアは維持されていたはずだ。まさにその統合を体現していたのです。統合が公正で、人々が平等に扱われるなら、誰も統合に反対することはできません。新しい植民地主義は、小さな部分をより豊かに、大きな部分をより貧しくすることであり、国を殺すことである。国、独立、自由を失えば、他のすべての戦いは失われる。国もないのに、どうして繁栄のために国を組織することができるのか？もし私たちが、国家主権を攻撃する新しい種類の植民地主義に直面していることを理解するならば、私たちはすべての力を結集することができます。かつて左翼はこの考えを理解していたからこそ、皇室勢力が左翼に浸透していったのです。

しかし、右より左の方が悪いことが多い。ドイツでは、コール氏を排除して、アメリカのために何でもするシュローダー氏を配置した。ゴルバチョフもアメリカ人だった。彼は彼らのためにソ連を滅ぼしたのです。ロシア人は何年も前から、まるで催眠術にかかったように機能していた。

アメリカ人は、自分たちの経済がIMFと世界銀行に依存していると信じるように催眠術をかけることに成功したのです。ロシアから何千億も持ち出され、一般市民の生活は破壊され、IMFの融資交渉に時間を浪費しているのです。

可能性を考える。西ヨーロッパ全体が天然ガスの生産に依存しています。なぜロシアが主要供給国でないの

か？ロシアがIMFに頼るという愚かなゲームをする代わりに、このことを念頭に置いていれば可能であっただろう。IMFが適用している経済モデルを見てください。アメリカの経済学者ケネス・ガルブレイスは、"アメリカ人がこれらの経済モデルをアメリカで展開したら、滅びるだろう
"と言っている。ロシア人への質問は、いつ自分たちの主人になる必要性と可能性に気づくか、ということだ。アメリカのゲームをやって勝てるわけがない。アメリカは国際的な銀行システムをすべてコントロールしている。

何でもかんでも攻撃された。アメリカのリチャード・ホルブルック特使が、「スイス政府はあなたの口座を凍結するつもりだ」と言ったことがある。私は、「なぜそこで止まるのか？ちょっと待てよ"一言書いて、紙を渡した。"ここ
"です。私の外国口座の資産はすべてあなたに譲渡しています。1円でも多く持っていてください"

と驚いていた。"よろしいでしょうか？"はい！残念ながらアカウントはありません
"と答えました。一般に銀行業務では、各国の大統領が多額の資金を隠していることはあり得ません。不条理としか言いようがない。私のお金がまだ見つかっていないという報告は、何か探すべきものがあるという誤った印象を人々に与えることがポイントなのです。

セルビアのテレビ局で民間人がメディア批判をしていたのですが、その最中にチャンネルが電源を切ってしまったんです。ただ、それだけです。画面が真っ暗になった。このことは、（2000年10月にクーデターで成立した）このDOS政権が、わずかな批判的思考に対しても、いかに心配しているかを示している。彼らは私を独裁者だと非難しています。こんなのおかしいよ。DOSクーデター以前は民主主義があった。メディアの95％は民間で、野党がそのほとんどを支配していた。

コソボでは、アルバニア人が20種類以上のメディアを持っていた。どこの地域でも、政府を攻撃する新聞を買うことができた。政治犯は一人もいなかった。しかし、この新政権はいわゆる「恩赦」法を制定し、子供などを殺害して有罪判決を受けたKLAメンバーを釈放した。彼らはこれを「新しい政治的自由」と呼んでいる。私はそれを「テロの合法化」と呼んでいます。私のいわゆる独裁体制は、どのように現れたのでしょうか。アルバニア分離派の指導者であるイブラヒム・ルゴバがベオグラードで記者会見を行う可能性がある。自由に歩き回り、昼食をとり、すべてを批判することができた。そして、彼はそうした。誰も彼の邪魔をしない。

クーデター前に起きた連続殺人事件の背後に私がいると訴えたのです。国防大臣が殺された。ヴォイヴォディナ州の首相が殺された。ユーゴスラビア左翼の事務局長、セルビアの内務副大臣、ユーゴスラビア航空の事務局長、ジムで一緒だった友人が殺されたのだ。一緒に働いていた人たち、友人たちです。野党指導者の殺害はなかった。だから、仲間を殺し、敵を惜しんでいたのです。独自の戦略。

犯罪が起きたとき、私たちは「Qui bono（クィ・ボノ）」と問うべきではないでしょうか。これらの殺人が、外国の敵対者の利益のために行われたことは明らかではないだろうか。政府の人間を脅かそうとしたのでは？しかし、欧米に支配されたメディアは、私に責任があると言っている。

野党のメディアは、あらゆる手段で政府、私の家族、そして私を悪者扱いしました。彼らは私の息子を犯罪者として訴えたのです。テレビは、こうした誹謗中傷とアメリカから輸入した番組、特に若者にとって魅力的な派手なイメージとをミックスしている。世界中でやっているんですよ。文化的な攻撃である。

もちろん、それなりの効果はあった。わが国の人々は、虚偽のイメージの繰り返しに基づく広告手法に慣れていないのです。反対派は、こうした技術をアメリカや他のNATO諸国から学んだのである。私は「野党」という言葉を使ったが、実際には野党はいなかった。フィフス
カラムがあったんです空爆してきた人たちから莫大な金をもらっていた。

このことは、公然と認められた。そして、この第5列は、現在政府の地位にあり、セルビア人に対する大虐殺に関連して設置されたハーグ法廷（偽裁判所）への協力に同意するまでに至っているのである。時々、イスラム原理主義者やクロアチアのファシストを逮捕して、バランスをとっているのです。しかし、その目的は、ユーゴスラビアを支持し、セルビアを守る人々を破壊し、普通の人々を攻撃されやすい状態にし、抵抗は不可能であると世界に信じさせることである。

先週、ベオグラードの現当局は、最初の犠牲者をハーグに送った。ボスニア・セルビア人で、難民の分野で活躍している。そして、ベオグラードでもハーグ的な司法が行われているのです。現当局は、RTS（国営テレビ）のディレクター、ドラゴルジュブ・ミラノビッチ氏を逮捕した。

このような経緯があったのです。1月、ハーグからカルラ・デル・ポンテ検察官がベオグラードにやってきた。彼女はドラゴジュブ・ミラノビッチと私を殺人で訴えた。なぜ、そんなことをしたのか？というのも、1999年4月23日、NATOはRTSを空爆し、最も残酷な爆撃のひとつで16人が死亡したのです。そして、NATOは爆撃をすると明言していた。だから、その狂った論理によれば、私たちに責任があるのだと。4月8日、フランス政府は、RTSを爆撃すると脅した。9日には、テレビ局を人間の盾で囲み、記者、ディレクター、関係者、全員が一緒になって腕を組みました。セルビア市

民も同じように、橋の上や工場など、あらゆる場所で活躍しました。

その後、ウェスリー・クラークが脅しを撤回したようだが、いずれにせよ、我々はどうすればいいのか。仕事に行かないの？従業員は、我が国最大の自動車工場を占拠し、NATOに爆撃をしないよう求める手紙を書きました。NATOはとにかく空爆を行い、何十人もの人々を殺傷した。被害者は有罪だったのか？ミラノビッチ氏もRTSでずっと働いていたので、殺されていたかもしれない。その場合、16人ではなく17人の死に対して責任があったことになるのだろうか？もちろん、カーラ・デル・ポンテはNATOのために働き、爆撃機のために働いている。そして、この非常識な容疑でドラゴジュブ・ミラノビッチを実際に逮捕したベオグラードの新しい当局者たちは、NATOのために働いているのです。戦争犯罪-誰が罪を犯すのか？

コソボで戦争犯罪があった。しかし、誰によって？当たり前のように残虐行為を行うテロリストによって？我が軍に危害を加えることのないNATOによって？彼らは私たちの家を爆撃した。グリーンマーケットにクラスター爆弾を投下したのです。ウランコーティングされた爆弾。これらは戦争犯罪である。そして、彼らは最大の犯罪を犯している。違法な侵略戦争を始めたのである。今の彼らの行動、すべては、クリントン、オルブライト、ブレア、シュローダー、ソラナ、その他すべての犯罪責任を隠すためのものである。

彼らは最悪の戦争犯罪者です。しかし、彼らは私を非難する。私がコソボでアルバニア人の虐殺を命じたと言われています。そして、それを証明するために、コソボ中に法医学の専門家を送り込み、残虐行為を探させたのです。科学的な調査ではなく、プロパガンダのためのものだったのだ。メディアのための劇場だったのです。遺体を探している」「もうすぐ掘り起こす」「靴を見つけた」など、専門家たちの一挙手一投足が

報道された。

これでは、「重大な犯罪が起こるに違いない」と思われたことでしょう。探していたものは大きなニュースだが、何も見つからなかったというニュースは、とても小さなニュースだ。あなた方の国では、私たちがコソボでアルバニア人に対して大量虐殺を行ったと、今でも信じている人が多いと思います。

1999年5月末、ロシア側からいわゆる「エリツィン」和平案が提示された。いい企画だった。その後、ロシアはフィンランドでアメリカと会談したようですが、ロシアの特使ヴィクトル・チェルノムルディンがベオグラードに到着すると、計画はまったく違っていました。コソボはユーゴスラビアの一部として残るが、ユーゴスラビア軍の全面撤退と国連による占領も計画されていると言われていた。NATOの占領とKLAのテロに発展しないとどうしてわかるのか、と。チェルノムルディンは、「ロシアの兄弟はこれを許さない」と私たちに誓った。

私たちはどうすればよかったのでしょうか。一方、ロシアの政権は、NATOに占領されないと約束していた。一方で、明確な脅威もあった。NATOはコソボへの空爆を始めていた。

もし私たちが同意しなければ、ロシア側は支援を取りやめると明言し、私たちは国際メディアから、ロシアの兄弟からの和平案すら受け入れない温情主義者として非難を浴びることになったのだ。そこで、サインに同意したのです。政府首脳が議論し、国会で審議し、協定に署名することを決議したのです。

10月5日のクーデターの後、私は大統領職を辞した。そんなことする必要はなかったんです。反撃に転じることもできたはずだ。しかし、私たちの政府はその状況を議論しました。私たちは、外国勢が血祭りにあげたいのだと思っていました。私たちは断固として抵抗

し、彼らの第五列が暴力的な挑発を組織し、私たちは秩序を守るために行動し、そして彼らの代理人がカメラに向かって殺人事件を起こし、私たちを非難して冷酷な弾圧を印象づける、というものであった。そして、自国を守るためという名目で、外部勢力の支援を受けながら、チリの解決策を実行することができる。

さらに、当時は多くの一般人が、DOSメディア、政府の悪魔化、そして西洋のテレビ映像、富の魅惑的な映像に支えられたと思われる多くの誤った約束に惑わされていました。NATOは内戦を引き起こし、血の海にし、セルビア人同士を殺させようと考えているのだと思いました。介入の口実を作るため。私たちは戦争を直接体験しています。損失は取り返しがつきません。だから、できれば政治の世界で戦ったほうがいい。だから辞めたんです。これには、アメリカ人もびっくりした。10月6日、オルブライト国務長官がNYタイムズのスティーブン・アーレンジャー記者に電話し、非常に怒っていると聞いた。"辞職"の可能性は？"彼女は信じられなかった。計画を台無しにした。

現在の経済問題は、新政権の無能さによるものなのか、それとも意図的に作り出されたものなのか、どちらだと思われますか？経済がダメになった。

有能な経営者が暴力や脅しによって追い出された。彼らは、無能だが、当局の言うことを聞く人たちに取って代わられた。そして、彼らに何を伝えるのか？経済を麻痺させ、産業全体を倒産させ、欧米のボスに小銭で売られるようにすること。昔ながらの植民地主義とは違う。外国人は代理人を政権に就け、国を丸裸にし、現地の生産能力を破壊し、そしてガラクタを捨てるだけです。NATO爆撃後の最初の冬（つまり1999年から2000年の冬）は、暖房に何の制限もなかったんです。猛烈な冬だった。次の冬は穏やかだったが、新しいいわゆる民主主義者たち--

ミロシェビッチは、2000年10月5日にクーデターで政権を握ったセルビアの「民主的」野党を指している--は、西側があれこれやってくれると約束しながら、何を手に入れたのだろう。常に電力不足。忘れてはならないのは、私たちは主に電気で暖房しているということです。"

この発言にはもっと多くのことが書かれていますが、ここではそのハイライトを紹介します。この中で、故ミロシェビッチ大統領は、新世界秩序が用いた方法について優れた説明を行い、セルビアへの攻撃が新世界秩序の前進に不可欠であったことを明らかにしています。クリントン、ホルブルック、オルブライトの不正とウェスリー・クラーク将軍の裏切りに関する彼の鮮明な説明は、私たちが紙の上で見るものは、今後すべての不逞の国家を征服する際に使われるであろう本当の手口であるため、ゾッとさせられる。

ユーゴスラビアに対する戦争は、陰謀を越えて、新しい世界秩序のために、その名の下に行われる戦争のモデルであり、その中でアメリカは引き続き主役を演じることになるだろう。

第10章

独裁国家は、そのような姿を見せることはほとんどない

独裁者はしばしば別の形で生まれ、抑圧の完全な制服を着ることは稀である。フェリックス・ドゥゼルジンスキーは、後頭部に古くてサイズの合わない細い帽子をかぶった、ロシアの田舎から出てきた農民のような格好でモスクワを歩いていたそうだ。そこから古いロールスロイスに乗り換えて、モスクワの街を徘徊する。スターリンの恐るべき秘密警察の核は、日露戦争後の1905年に形成され始めた。恐ろしいボルシェビキは、1917年に突然「やってきた」わけではない。

ユリウス・カエサルがローマ軍団を率いて文武両道のルビコンを渡ったとき、権力欲の強い勝者の将軍から民政を守るという伝統は破られ、ローマ共和国からローマ帝国への急激な変化が始まったのである。

今述べた出来事と現在のブッシュ政権との類似点は、特に巨額の軍事費について、極めて容易に見出すことができる。建国の父たちは、常備軍がやがて私たちの自由に対する脅威となることを警告した。

セント・ジョージ・タッカーの言葉を読む。

> 「常備軍を維持する場合、人民の権利や自由は、まだ消滅していないとしても、消滅しそうなのです。"

何よりもまず、米国憲法や国際法の下で法的権限のないイラクに大規模な米軍を駐留させることで、国の最高法

規である米国憲法が侵害されているのだ。シーザーが王となり、法の支配が危うくなることを恐れた元老院は、シーザーの急変を認めず、シーザーを暗殺した。その後の内戦で、カエサルの孫であるオクタヴィアヌスが初代ローマ皇帝カエサル・アウグストゥスになった。アメリカ建国の父たちは、学識ある人たちだった。彼らはギリシャ・ローマの歴史を知っており、新しい若い国で歴史が繰り返されるのを避けたかったのだ。

共和国の始まりから、憲法学者たちは国の最高法規である合衆国憲法と権利章典を破壊しようと密かに動いていた。そうすることで、憲法が国の最高法規であり、憲法が書かれたままの形で、公正で誠実な政府が存続する唯一の道であるという原則を曲げようとしているのである。ハニス・テイラー氏の言葉を定点観測し、慎重に留意する必要があります。

> *"あなたの請願者は、我が国憲法の歴史は、全体として、その条項が特定の時期に特定の階級にとって不都合になるたびに、それを回避しようとする一連の努力から成っていると主張している"。"*

ハニス・テイラーは、ウィルソン大統領が、権限のない民兵を第一次世界大戦に参戦させるという、権力の乱用と宣誓違反がはなはだしいことを止めるよう、上院に請願していたのだ。もし、今生きていたら、テイラーは必ず新しい請願書を提出しただろう。

> "我々が合衆国国民の法廷に提出する請願書は、合衆国憲法が意図的に破壊されたことにより、我々の歴史上、2006年の今日ほど、我々の国が大きな危険にさらされたことはないことを示すものである。共和党の戦争党とその最高裁判所任命の指導者であるジョージ・ブッシュ判事の権力獲得は迅速であり、アメリカ国家にとって絶対的な災害であることが証明されている。両政党が結託して憲法を破ったのです。"

ウッドロウ・ウィルソンは、民主党の仮面をかぶった社会主義者であり、これまでホワイトハウスを占拠した非立憲主義者の中でも最悪の一人であった。関税制度を破壊し、米国を第一次世界大戦に引きずり込み、行政府が本来持つべきでない権限を自分に与えたのだ。ウィルソンは、アメリカ国家を独裁国家への道に導き、わずか数十年で現在の現実に発展させた。そして、共和党は（ボブ・ラ・フォレットを除いて）、ウィルソンが国家に対して行った恐ろしい犯罪をほとんど幇助していた。

ヒトラーは危機感を煽るために、ライヒスターク火災を起こさせたのだ。司法と立法が崩壊し、政令による支配の道が開かれたのだ。こうして、ヒトラーの政令は法律となった。ドイツ国民がこの独裁的な支配を受け入れたのは、危機と恐怖の情勢が作り出されたからである。人民と国家の保護に関する法令」（1933年2月28日）は、個人の自由の保障を停止し、裁判なしの逮捕と投獄を可能にしたのです。有効化法（1933年3月23日）は立法権をヒトラーに移譲し、現在アメリカで広く使われている、憲法から逸脱した法律（布告、現在は行政命令と呼ばれている）を制定する権限を与え、憲法を無効にした。

ボルシェビキはその1万倍もひどかった。善意を装うことはなかった。彼らは公然とロシアから国民国家の地位を剥奪し、崩壊させようと謀ったのだ。英米のおかげでボルシェビキの血みどろの革命的買収は成功し、彼らは米英の暗黙の了解があることを知りながら、公然と史上最悪の残虐行為を行ったのである。ボルシェビキ革命家は絶対的な権力を手に入れ、その権力は専制的なものとなった。これは、H.G.ウェルズが「開かれた陰謀」と呼んだものの最も良い例の1つであることに変わりはない。

アメリカの憲法は、絶対的な権力を禁じている。米国憲法は、絶対的な権力を「恣意的な権力」と定義している。恣意的な権力の行使を禁じ、秘密法廷や国民を大量に

監視するための機関を設立する愛国者法のようないわゆる「法律」を非難しています。今のアメリカは、1931年のソ連の状態に近いのでしょうか？答えは「**YES**」です。ローマ帝国は、いかなるイデオロギーにも基づいていなかった。裸のパワーがベースになっていたのです。そして、ローマ国民がそれを警戒するたびに、軍は自分たちの「安全・安心」のために戦争を起こし、それによって国民は、ローマ軍がやっていることはローマ市民のためになると勘違いして、静かにしているのである。ブッシュ政権の行いは、ローマ帝国の完全な重ね合わせではないか？

フランス革命の主たちは、自由、友愛、平等に基づくと主張したが、すぐに制度的暴力と命令による支配を伴う全体主義体制（人民民主主義を装った）に変わってしまったのである。ヒトラーの独裁は、主に個人的なもので、メーソン組織「トゥーレ協会」のオカルトロッジで練られたプログラムに基づくものであった。

ボルシェビキ革命から生まれた独裁体制は、単純化されたタイプのイデオロギーに基づいていた。レーニンは、ロシア人に対する共産党の独裁体制であると宣言したのである。レーニンはこう言った。

> "...それは、何ものにも制限されず、いかなる法律や絶対的な道徳的規則にも制約されることなく、力に直接拠っている"

今のアメリカの思慮深い人々は、ボルシェビキと今日の大きく浸透した共和党の類似性に気づかないのだろうか。共産党独裁政権は、秘密法廷、秘密裁判、秘密拷問、秘密刑務所、秘密処刑を用い、いかなる拘束も抑制もなく、強制力だけで支配し、巨大な国家機構で国民を恐怖と震え上がらせ、新しい恐怖支配にあえて疑問を抱かせないようにしたのです。しかし、ウィルソンはボルシェビキに拍手を送り、"ロシアで何か素晴らしいこと（ある

いはそれに類する言葉）が起こった
"と宣言したのである。

ウィルソンがこのようなことを言えたのは、彼が深く傾
倒した社会主義者であり、歴代大統領が追求してきた社
会主義を米国にもたらすために、米国憲法を破壊するた
めに大統領に就任させられたからである。さらに、ウィ
ルソンは、ロシアを将来のアメリカ合衆国のモデルとし
て見ていたと思われる。

フランクリン・ルーズベルトは、ウィルソンと同じよう
に、かろうじて社会主義者であることを隠していた。彼
の権力の座は、彼と彼の内閣が計画した真珠湾での人為
的な状況によって実現された。真珠湾攻撃は人命と財産
を奪っただけでなく、ルーズベルトに合衆国憲法を修復
不可能なまでに破壊する*口実とライセンス*を与え、民主
党と共和党の男性たちの共犯（いくつかの顕著な例外を
除いて）でそれを実行した。ルーズベルトは三権分立を
インチキな「貧困との戦い」宣言に融合させ、今日まで
、この憲法の礎が損なわれ、憲法全体が崩壊しそうなほ
どになっている。

*権力の融合*は、*インチキ戦争法で浮き彫りに*された。199
1年のイラク侵攻以来、同じような偽りの「権力」が、議
会がそんなことはできないと知っていたのに、おとなし
く温和な議会によって司法に「移譲」されるバージョン
を見てきたのだ。戦争と平和の権限はあくまでも議会に
あるが、ルーズベルトはレッキングボールを使って、つ
いにその壁を打ち破ったのである。米国憲法には、CIA、
FBI、NSA、NRO、ATF、FISA、「8人組」、秘密法廷、
秘密予算、非公開会議、秘密刑務所、秘密拷問室などの
創設を可能にする権限は、明示的にも暗黙的にも存在し
ないのだ。

なぜなら、「行政命令」は立法に等しく、行政府が立法
することは絶対に禁止されているからである。

奉行-これは「大統領」よりも正しい称号である-
は、立法府が可決した法律を執行するために存在するの
であって、それ以外の何ものでもないのだ。行政命令は
すべて虚偽である。ただし、まず立法府で審議され、議
会で可決された後、大統領に与えられ、大統領の行為と
してではなく、議会の行為として発表されたものは例外
である。アメリカ合衆国憲法には、明示的にも黙示的に
も、第1条第8項第1〜18節の委任された権限以外の権限を
政府に与えるものはない。また、戦争または講和を行う
権限はどこにも行政府に与えられておらず、政府または
その部門もしくは職員は、批准のために州に提出される
憲法修正案による場合を除いて、憲法を変更または停止
する権限を有しない。

その場合でも、「改正」ではなく、「新憲法制定」のた
めの法律となる。しかし、ルーズベルトはこれらの制約
を無視して自らに「戦争権限」を認め、共和党も一部の
例外を除き、この権力奪取に従ったのである。

今日、ブッシュ大統領は「議会から与えられた戦争権限
」を持っていると主張し、憲法の形を根本的に変え、憲
法が保証する保護を引き裂くような機関の創設に着手し
ているのである。そして、民主党は、大概（ジョセフ・
リーバーマン上院議員はその良い例である）、ホワイト
ハウスの判事に従ったのである。

共和党も民主党も、合衆国憲法の制約を回避するために
「行政命令」という裏技を使っている。

なぜなら、大統領令は、連邦憲法修正第10条（　）で規定
された、連邦構成員が個々の州に保証した共和制の政府
形態を崩壊させるという両党の脅しだからである。

アメリカ合衆国憲法修正第10条 国家と人民の権限

憲法によって合衆国に委任されていない権限、または憲

法によって合衆国に禁止されていない権限は、それぞれ州または人民に留保される。

行政命令」（レーニンやスターリンの政令と同じ）は、事実上も行為上も憲法修正10条を破壊し、それを無効とすることによってこの保証を破壊します。

建国の父たちによって州に保証されたこの直接的な攻撃によって、州は議会によって犯された状況下で脱退するあらゆる権利を持ち、実際、連邦から脱退することは州の義務でもあるのだ。社会主義者で民主主義の独裁者であるルーズベルトは、最高裁を転覆させ、米国をボルシェビキ・ロシアのレベルにまで引き下げることができたのである。共和党は、いくつかの顕著な例外を除いて、今回もこれを許した。

シェル上院議員、議会記録、上院:

> ウィルソン以来、ヨーロッパの水準に戻そうとする闘いが絶え間なく続いているのです。ウィルソンの時代と同じ人事、戦争に巻き込んで破滅させたレッカーが、今、（ルーズベルト内閣の）責任者になっているのである。

> 大統領が就任して最初に経験した「高貴な」ことは、自分に許されないことを探し、何かを通すための秘密の方法を探すことだった。フローレンス・ケリーから、フェビアン社会主義者の著書『ニューディール』を渡されたのがきっかけだった。

これって、すごく身近な話だと思いませんか？ルーズベルトが司法長官によって作り上げた架空の「貧困との戦い」と、ジョージ・ブッシュ王、リチャード・チェイニー王子、元大公のドナルド・ラムズフェルドがアメリカ国民に押し付けたインチキ「テロとの戦い」の違いは何だろう？要するに、違いはないのです。1933年にアメリ

カ国民に詐欺が行われ、2001年に2度目の詐欺が行われた
。

第11章

盟約の解消

21

世紀の最初の7年間、米国は自らを民主主義、市民の自由、万人のための正義の国であると喧伝してきた。しかし、そうでしょうか?まず、建国の父たちは、民主主義とは付き合いたくないと言い、共和制のアメリカを設立しました。

大会参加者の中で主な批判者の一人であるバージニア州知事のランドルフは、民主主義に対する懸念を表明していた。

> 我々の主な危険は、我々の憲法の民主主義政党から来る...どの憲法も、民主主義に対して十分な歯止めをかけていない...我々が知っている悪は、民主主義の行き過ぎに由来する...人々は徳に欠けていたのではなく、いわゆる愛国者のカモになっていたのだ。

違憲の組織である国家安全保障局(NSA)が、レーニンやスターリンのやったことをはるかに上回る方法でアメリカ国民を監視するために使っている大規模なエシュロン・スパイシステムをよく見てみると、アメリカが実際には真の新興独裁国家を作っていることにすぐ気がつくだろう。そして最も恐ろしいのは、民主党も共和党も抗議の声を上げることなく、それに追随していることである。アメリカの新興独裁政権にイデオロギーは関係するのか?断じて違う。アメリカ共和国の終焉は、歴史の進化と大いに関係がある。リンカーンはアメリカ初の独裁

者である。厳しいことを言うようだが、それを裏付ける強力な証拠があるのだ。リンカーンは連邦維持の名目で独裁を正当化した。リンカーンが行った南部の分離独立に対する戦争（合法的かつ合憲な分離独立行為）に対する北部の反対を抑えるために、彼の超法規的かつ超立憲的な方法（人身保護令状の停止や戒厳令の発動など）が容認されたのである。

南部諸州には連邦から脱退するあらゆる権利があり、義務さえあった。リンカーンは連邦当時、共和制の政府形態を保証していた修正10条（　）に違反したからである。そしてリンカーンは、分離独立の試みを反乱と呼ぶことで嘘をつきました。これによって、彼は民兵を召集し、人身保護令状を「停止」させることができた。イラクの存在しない「大量破壊兵器」について語られた嘘や、互いに積み重ねられた大量の恣意的な法律の中に、かつて合衆国憲法が提供していた保護の痕跡を剥奪するような、この反響を見ないだろうか。もし、私たちがこのことに気づかないままだとしたら、アメリカ国民に神の救いがありますね。

リンカーン以降、米国憲法に対する最初の大きな攻撃は、ウィルソン奉行が、取るべき権利のない10の権限を引き受けたことであった。共和党はこれを許し、アメリカ国民の87%以上が反対していたドイツへの宣戦布告さえ支持した。

政治体制の要である三権分立への攻撃は、世界恐慌の危機に対するルーズベルト政権の対応と同時に行われた。ニューディール」（フェビアン社会主義者の同名の書物に由来し、拙著『ワン・ワールド・オーダー社会主義独裁』で紹介）[6]、議会が立法権を行政府に委譲し、憲法を

---

[6]社会主義世界秩序の独裁、ジョン・コールマン、オムニア・ヴ

完全に破棄する結果となった。今日、議会が法律を承認
しても、それは行政府の機関が、「行政命令」と呼ばれ
る偽の宣言によって実施される規則を作成することによ
って、法律を作ることを承認したに過ぎないのだ。

すべての法律は、明示的で、きっちりとした文章で、明
確に定義されていなければなりません。ニューディール
までは、裁判官が憲法の行間に自分の嗜好を挿入するこ
とを防ぐために、法律が厳密に書かれていた。これは、
合衆国憲法修正第9条
に具体化されており、大統領および/または裁判官が自分
の考えをあたかも憲法にあるかのように表現することを
制限するものであった。つまり、改悪につながる行政の
「了解」は当然容認されず、そのような違法な「署名文
」は憲法には存在しない。

行政府は法律を執行するためにあるのであって、解釈す
るためにあるのではありません。国家安全保障局（NSA
）は、憲法修正第10条（　）に背くとどうなるかを示す危
険な例である。

これでは、共和国の運営は成り立ちません。行政命令が
法律になることを「許可」することで、法律はもはや国
民に対して責任を負わなくなる。法律を執行する判事が
法律も書くとしたら、"すべての立法権は選挙で選ばれた
議会の代表者に帰属する
"ということを馬鹿にしていることになる。

すると、主権者である国民は権利を奪われ、その憲法は
破られ、三権分立も破られる。これは、いわゆる「行政
命令」に違反した州が連邦から脱退する理由にはならな
いのだろうか。というのは間違いないでしょう。

_____

ェリタス社、www.omnia-veritas.com。

私は、これが連邦からの分離独立の主要な原因であると主張する。国民から議会に委任された権力は、議会から行政府に委任することはできないという原則は、アメリカ共和国とその憲法の錨である。

リンカーン大統領がこの原則を覆すまで、行政府は法律を解釈し、その解釈を実施するための独自の機関を設立する役割を全く担っていなかったのである。ローマ帝国が崩壊したのは、まさにこのことがベースになっているからです。この壊疽（えそ）を早く止めなければ、アメリカも同じ道をたどることになる。

ジョン・マーシャル・ハーラン判事はこう書いている。

> *議会が立法権を大統領に委任できないという事実は、憲法が定めた政府制度の完全性と維持に不可欠な原則であると世界的に認識されている。*

三権分立に違反した社会主義者ウィルソン大統領に始まる、単なる統治機構に過ぎないと定められた帝国大統領の70年間は、その完全性を破壊し、今日まで、共和党の戦争党とその弁護士は、どんなに明白に違憲であっても、行政府にさらなる力を集中しようと決意し、帝国大統領のための「意見」を書き続けているのである。彼らは、奉行が常に自らを「最高司令官」と呼ぶように指示し、存在しない権限を自ら作り出し、-
議会はそれを制御しようとすることなく、壊疽を拡大させた。NSAは、カエサルのもとでローマ帝国が変貌したのと同じように、帝国大統領制の結果である。大統領の権限を拡大しようとする断固とした動きはブッシュ政権以前からあり、G.W.ブッシュ大統領の2期目である2007年には危険なまでに煽られている。

ブッシュが指名したサミュエル・アリトは連邦主義協会のメンバーであり、連邦議会を犠牲にして判事に有利な権限を統合する提案者であることが確認されており、米国における本格的な独裁体制の確立につながる危険なほ

ど拡大した大統領による買収を支持する5票となるだろう。

ブッシュ大統領は、議会で可決された法律の意味を変えるために、何百回も「署名文」を使ってきた。この力の源は明らかです。リンカーンに始まり、ウィルソンの下で拡大し、ルーズベルトの下でさらに変質した憲法の曲解から生まれたものである。

例えば、ブッシュは、拷問を禁じるマケイン修正条項を無視し、アメリカ人をスパイするために令状を必要とする法律を無視し、告訴も裁判もなしに無期限に拘束することを禁止し、アメリカが加盟しているジュネーブ条約を無視する力があると主張しているのである。また、戦争と国内スパイをその一部として宣言できると主張している。ブッシュはウィルソンが押収した権力を主張している。

彼の連邦主義協会の擁護者と司法省の任命者は、ブッシュ大統領には最高裁判所と同じ憲法解釈の権限があると主張している。この主張はどこから来るのだろう。行政府は立法府が通過させた法律を執行する責任を負う単なる行政官に過ぎないと明記しているのだ。かつてリー将軍は、「大統領は議会の命令を遂行しなければならない判事に過ぎない」と言った。ここでは、大統領と議会の間に平等さはありません。

アリートが座る最高裁は、このような根拠のない誤った主張に同調する可能性が高い。この問題ほど、アメリカ共和国にとって大きな危険はない。イラクで起こした混乱でさえもそうだ。これは国民にとって最も重要な問題であり、おそらく南北戦争と同じレベルの危機である。しかし、中絶や同性愛者の権利をめぐる政争を隠れ蓑にしてアルトの役割を後景に追いやったタヴィストック研究所とマスコミのジャッカルのおかげで、国民はショックを受けている。

多くの人がブッシュを支持するのは-
特にキリスト教右派に多い-、ソドミーや子宮内殺人の合法化に反対して戦っているのであり、イスラム世界や「リベラル」に立ち向かうと信じるブッシュ大統領を支持することは「正しいことをしている」のだと考えるからである。新世界秩序-世界政府-
に目覚めた彼らは、悲しいほど勘違いしているのだ。

アメリカ国民の大多数は、本当の問題はいわゆる「テロとの戦い」（これはルーズベルトの「貧困との戦い」と同じくらい詐欺的なものだ）ではなく、新世界秩序の確立という彼らの計画の邪魔になるので憲法を破壊しようとする悪人たちに対する戦いであることに気づいていないのだ。

アメリカ国民の大多数は、この男たちが立法府や裁判所よりも行政府を優位に立たせようとしていることに全く気づいていないのだ。彼らの大統領は法律の上に立つことになる。ブッシュ司法省の高官でバークレー大学法学部教授のジョン・ユーは、最高司令官としての大統領の役割を制限する法律はないと主張している。したがって、いったん戦争になれば（これは事実ではないが）-
そして、彼らはイラクでの瘴気を「テロとの公開戦争」と宣言し（公開戦争は2年以上資金を提供できないので憲法上禁止されているが）、ブッシュは　　　　　　 "司令官"としていかなる統制も受けられないと主張する。私は、ジョン・ユーは手に負えないし、憲法を知らないと言っています。ブッシュ司法省は、大統領は、拷問、無期限のスパイ活動、アメリカ国民の抑留など、戦争遂行上のあらゆる行動を、司法の拘束なしに自由に行うことができ、その決定を「妨害」しているという。

最高司令官というのは、現実のものであれ人為的なものであれ、「どんな危機にも対応できる広範な役割」である。司法省とその連邦議会弁護士が100％間違っているこ

と、大統領は平時（国の現状）には最高司令官ではなく、ありえないので、その称号は与えられないこと、宣戦布告後に与えられたとしても、大統領に戦争権はないことは、彼らにとってほとんど変わりはないのだ。したがって、米国が新生独裁政権の瀬戸際まで来ていることは、ほとんど疑う余地がない。憲法が歴史上かつてないほど踏みにじられ、消滅したマグナ・カルタの地位に追いやられようとしていることを、今のところ認識できていない。

アメリカの独裁化は、リンカーンに始まり、南北戦争までさかのぼる古い政争を巻き起こす歴代の大統領によって拡大した歴史的進化の結果である。ニクソン大統領が民主党議会によって追放されたときに勃発したいわゆる「憲法危機」は、現在の憲法危機の影に過ぎない。大きな違いは、ワシントンD.C.の空で夜ごと吠えていたメディアのジャッカルたちが、ウォーターゲート事件では重要な役割を果たしたが、今は憲法が肉挽き機にかけられるのを見ながら不気味に沈黙していることである。

2007年の最後の四半期を迎え、立憲民主党はもう存在しない。両政党、ほとんどの憲法学者や弁護士会は憲法を放棄し、自分たちの違憲の思惑が邪魔になると、進んで憲法を無能にしてきたのだ。アメリカ人は建国の父とそれに続く世代を忘れてしまった。彼らは、すべての人のための自由と正義のための偉大な闘いにおける、我々の高貴な先祖の血と犠牲を忘れてしまったのである。アメリカ国民は、憲法制度と市民の自由を永久に失おうとしている。憲法を正しい位置に戻さない限り、新世界秩序は現実のものとなる。それは、あらゆる手段で国内スパイを排除し、CIA、NSA、FISAの国内活動をすべて禁止することである。また、国土安全保障法、愛国者法、運転免許法を廃止し、行政府を大幅に縮小し、連邦法を守ることを任務とする行政官という本来の職務に戻すことも意味します。修正条項2、4、5、10を卓越した役割に昇

格させ、この国は再び、万能の人ではなく、法の国にならなければならない。

そうならない限り、建国の父とその次の世代が思い描いた米国は滅亡する運命にある。このような災難が降りかからないようにするには、米国憲法の主権者である我々国民が、米国を構成する50の主権独立国家のそれぞれの上下院に代表団を送り、我々の代表が米国を憲政に戻すよう要求しなければならない。

そうでない場合は、主権者である国民の憲法に規定された救済措置を使って、強制的に退陣させなければならないのです。我々は代表者たちに、1866年1月31日付の『コングレッション・グローブ』546-549ページに掲載されたデニソン下院議員の言葉を、いかなる遅延もなく直ちに実行に移すことを要求させなければならない。

> したがって、合衆国と呼ばれるこの政府組織を創設したとき、合衆国は憲法上、一定の権限と一定のことを行う権利を委任し、委任された権限を連邦の多数派の統制下に置き、一定の権限を各州民の統制のために確保し、その行使と統制は他のいかなる権限にも服さない権利を有することになった。

> もし州がこれらの権限を絶対的かつ無条件に留保しているならば、本院の3分の2と州の4分の3によってこれらの権限を奪うことはできない。私が株式を持っているかもしれない銀行の株主の過半数が、私の馬や農場を会社の使用のために奪うことができるのと同様に、州はこれらの留保権限を、連邦政府の多数派の管理下にある権限のプールに入れていないのだから。

> これらの留保された権限については、憲法採択後も以前と同じ条件であった。この文書の採択以前は、各州の国民が主権を構成していた。憲法が採択された後も、留保された権利については同様に主権があり、各州

の意思による場合を除き、憲法にそれを許可するものがない限り、留保された権利を撤回することはできない。

憲法改正に同意することで、各州はこれらの権利を放棄したのでしょうか？もしそうなら、これらの権限は絶対的に留保されているのではなく、下院の3分の2と州の4分の3に代表される連邦の多数派が州民の意思に反して譲渡を選択するまで、あるいは州の4分の1、あるいは州の4分の3の州が州民の意思に反して譲渡を選択するまで保持されているだけである。あるいは、各州の、連邦政府に対する4分の1かもしれない。それは憲法で決着をつけるべきで、私はそう思っているのですが…。

憲法修正第10条
の最も重要な特徴は、連邦政府の限界を定めたことである。連邦政府は、本来の権限ではなく委任された権限による政府である。政府が推論で権力を握ることを不可能にします。

行使される権限は、憲法の中で明確に表現されていなければならず、そうでなければ、行使することはできない。第5条は修正する権利を規定していますが、新しいものを作る権利はありません。憲法を廃止して、1818年の共産党宣言やフランスの共和国法を採用するのは、改正ではないだろう。

改正は、機器に関連するものでなければならず、憲法にすでにあるものでなければならず、そうでなければ改正のテストに合格しないのです。しかし、新しい憲法の起草は、それに拘束されることに同意した州のみを拘束し、すべての州がそれを採択して初めて憲法の一部となることができるのである。

(米国憲法について知っておくべきこと
改訂新版2007年版より）。

このメッセージには、ブッシュ政権が国民投票を通じて各州と協議することなく新憲法を起草しようとしていること、そして今もしようとしていること、この新憲法は50州すべてによって承認されるべきだという明確な警告が含まれているからだ。

新しい憲法に反対する者は、それに縛られることなく、解散した古い連邦から離脱する義務がある。実際、連邦政府が元の契約を破棄したら、分離独立するために必要な措置を取ることは、主権国家としての義務である。ブッシュ政権は、議会と共謀して、すでにそれを実行しているのだ。私たちは、ブッシュ政権がこの国の最高法規として制定されたコンパクトをすでに破り、したがって無法行為を犯している証拠として、次の行動を提示します。

これは、以下のような違憲の法律を採択し、合衆国憲法が禁止する恣意的な権力を行使していることからも明らかである。

> ➤ 宣戦布告をしないままイラクに侵攻し、軍事攻撃を行ったこと。

> ➤ 議会は、理由もなく、米国憲法にそのような攻撃を認める規定もないのに、大統領にイラク攻撃の「許可」または「権限」を与えたと称しているが、それ自体、米国憲法第4条の明らかな違反である。

> ➤ 合衆国憲法によって行政府に明示的に禁じられている戦争権限を大統領に「与える」または「付与する」権限はないので、議会は国の最高法規に著しく違反する行動をとったことになり、したがって直ちに罷免されなければならない。

> ➤ 議会と大統領は結託し、三権分立に違反し、大統領は自分に権利がなく、明確に禁じられている権限を手にした。

➤　議会がこの一時的な称号を与えていないのに最高司令官の肩書を持ち、合衆国憲法修正10条（）に完全に違反する権限を引き受けることによってだ。

➤　民兵を外国の戦争に送り込むことで

➤　愛国者法と国土安全保障法の成立を通して、どちらも違憲であり、憲法10条
に著しく違反し、憲法10条
を無効にしてしまうのである。

➤　合衆国憲法に規定された方法でこれらの措置を州の同意に提出することなく、違憲の法律を可決することによって、「新しい憲法を作る」ことによって。

➤　憲法修正第4条に違反してアメリカ国民をスパイすることによって。

これらは、ブッシュ政権が両政党の共謀と同意のもとに行った合衆国憲法を解体する多くの行為のうちのほんの一部に過ぎないのである。したがって、私は、これらの違法行為が議会によって直ちに撤回されない限り、そうしたいと望む州は連邦から脱退する権利があると主張するものである。

議会によるそのような無効化措置がない場合、国民は自分たちで弁護士と大陪審を招集しなければならない。この各州の大陪審は、行政府と議会に対して、合衆国憲法に違反するすべての事柄について起訴状を提出しなければならない。

そして、各州の人々は、代表者をワシントンに送り、連邦政府にその旨を伝え、直ちに是正措置をとるよう要求しなければならない。このような是正措置が直ちにとられない場合は、主権国家の国民が下院と上院の代表をリコールし、後者を機能させなくする必要があります。私たちは、パトリック・ヘンリー、セント・ジョージ・タッカー、トーマス・ジェファーソン、ヘンリー・クレイ

のような人物、つまり米国が事実上の独裁国家にならないように行動する資質と勇気を持った人物が、私たちの中にいることを望んでいます。

1991年のイラク侵攻と2度目のイラク侵攻は、いずれも米国憲法の枠外であり、したがって合法とは認められない。この理由だけでも、議会は米軍に対し、上下両院合同会議での発表後45日以内に、すべての装備を携えて米国に帰還するよう命じる権利を有している。立憲政治をわれわれ国民に返還するための措置は、主権国家の主権者である国民が利用できる法的救済措置として、合衆国憲法の戒律と原則に合致している。

代替案は、イラクで繰り広げられている無法な戦争に何もせず、南部連合共和国が独裁国家に変貌するのを目の前で見ていることである。そしてそれは、政府を全面的に支持する自己満足なメディアの全面的な協力、つまり以下に示すような公然たる陰謀への変質があって初めて可能となる。

プレス：コンプライアンスの推進役

報道機関（印刷物や電子媒体）の統制の問題は、陰謀の段階を越えて、今、テーブルの上に乗っているのだ。アメリカ人の中には、公共放送システム（PBS）が独立した存在で、唯一残された真実と光の源であると信じて騙されている人がまだいる。残念ながら、これは事実ではありません。

これは、Kenneth   Y.
が最近発表したレポートによる。公共放送協会（CPB）のトムリンソン会長は、理事会の承認を得ずに独断で、National　Public　Radio（NPR）とPublic　Broadcasting　Service（PBS）の内容を審査するオンブズマン2人を任命し、露骨なリベラル派の偏向と思われるものを是正させ

ることにした。

オンブズマンであるケン・ボデ（いわゆる保守派のハドソン研究所のメンバーで、1998年から2002年までノースウェスタン大学メディル・ジャーナリズム・スクールの学長を務めた）とウィリアム・シュルツ（トムリンソンが現役時代の大半を過ごした*リーダーズ・ダイジェスト*を退職）は客観性の追求に熱心だと思われているが、実は彼らは客観性を目の前にしても認識できないのである。

公共放送に「真実」を求める自信に満ちたアメリカ国民は、長い間、「この番組は、あなたのような視聴者・リスナーからの資金によって一部可能になった」と言われ、同時に、個々のラジオ局や放送局から「会員になって寄付をしてください」という不可避の懇願に悩まされてきたのである。通常、1回の放送のうち30分はこのような訴えに費やされ、時にはそれ以上の時間が費やされることもある。

そのような戦術は本当に必要なのでしょうか？CPBが支出する総予算のうち、これらの会費は26%にすぎないという事実があるのに、なぜPBSは寄付を懇願しなければならないのでしょうか。企業と慈善財団の合計は22.8%で、連邦政府は15.3%に過ぎず、3番目に位置しています。この写真のどこが悪いのでしょうか？

第一に、個人献金者は、番組の内容を決定したりコントロールしたりする組織的な発言力を持たない。右派の財団や通信業界からの偏見に対する不満が、理事会を選出する連邦政府の足かせとなっている。理事会は、当然ながら最大の寄付者の意向を反映し、最も大きなウェイトを占めることになる。現在のCPB理事会は、共和党5名、民主党2名、「無所属」1名で構成されている。

前述したように、ケネス・トムリンソン社長は、1996年

までのキャリアのほとんどを「リーダーズ・ダイジェスト」誌で過ごした。保守派」のウィリアム・F・バックリーが『ナショナル・レビュー』でトムリンソンを絶賛していることが、すべてを物語っている。

　　　「雑誌の編集者のほとんどはトムリンソンが雇った人たちで、トムリンソン自身と同じように政治的保守派であった。"

この人たちは、ニュート・ギングリッチの考え方に同調していたようだ。

　　"公共放送
　　"というのがよくわからない。私の知る限り、公的なものは何もなく、エリート主義的な企業です。ラッシュ・リンボーは公共サービスです。"

(これは、リンボーが、自分たちの意見を宣伝させたい裕福な共和党員によって勧誘され、地位を与えられたという事実を考慮していない)。

トムリンソンは、第二次世界大戦中の1942年にプロパガンダを目的として設立され、1953年にはより地味な米国情報局の支局として再編されたVoice of America（VOA）でのキャリアから、メディアの役割について考えている。

1998年の組織変更で、VOAは放送総局（BBG）に移管された。ケネス・トムリンソンは現在、BBGとCPBの両方の会長であり、彼がアメリカ国民を「敵」のために用意されたのと同じスタイルのプロパガンダにさらしていることは疑いようがない。証明する術はないが、経験上、タヴィストック研究所がこの変化の導き手となったのではないかと考えている。Tavistockは、米国政府および民間企業のアカウントを多数保有しています。

2005年4月下旬、上院の国際作戦・テロ小委員会でのトムリンソンのスピーチは、故エドワード・バーネイズ、あ

るいはベアトリス・ウェッブが彼のために書いたものか
もしれない。

　欧米のジャーナリズムの基準に準拠し、客観的で正確
な報道を行うことで、アルフーラ（「自由な者」の意
、BBC傘下の新しいアラビア語テレビネットワーク）
は、視聴者を獲得し、中東の人々に世界の出来事につ
いて新しくバランスのとれた見方を提供するために必
要な信用を得ることができます」と述べています。ア
ラブのマスコミからの批判が続く中、私たちはターゲ
ットである人々と接触しており、彼らは私たちを歓迎
する何百通ものメールを送ってきています。欧米諸国
への憎しみに満ちた人々がコントロールする偏った情
報のバランスをとるために、あなたはとても必要とさ
れているのです」と、そのうちのひとつが書かれてい
ます。これは、テロを助長する『憎しみの文化』と戦
う第一歩だ」と、別の人は言う。あなたのチャンネル
が、アラブの兄弟たちが　　　　　　　　　　　[...]
起こりつつあることすべてについて真実を伝える手助
けになることを願っています。"

しかし、アルフーラがアルジャジーラに対抗できるかど
うかは疑問である。この「不偏不党」の真実は、どのよ
うに放送されるのだろうか。2005年3月、公共放送のアナ
ログからデジタルへの移行を主導する任務は、現在のCP
B最高責任者であるケン・フェリーに委ねられた。FCCの
マイケル・パウエル委員長の下で4年間働いた後、「200
のケーブルチャンネルとインターネットの時代には、メ
ディア所有の厳しい制限は時代遅れだ」というのが両者
の共通認識だった。弁護士出身のフェリーは、ゴールド
バーグ、ワイナ、ライトの法律知識を応用して、新しい
メディア所有とライセンス規則を策定することになった
。2001年6月以前、Goldberg,　　Wiener　&　　Wright
は、コネチカット州グリニッジ在住の　Rene　Anselmo
が設立した民間衛星会社　　　　　　　　PanAmSat

の代理人を務めていました。

アンセルモの会社は、最初で(最大の)国際衛星ネットワークで、パンナムサット通信衛星の建設、打ち上げ、保守を行ったヒューズ・エレクトロニクス社の子会社ヒューズ・スペース&コミュニケーション社(1961年にハワード・ヒューズが設立)と緊密に協力していた。

Ferreeは、当時条約に基づき衛星通信を独占していた「インテルサット」と呼ばれる国際コンソーシアムの米国メンバーであるCOMSATに対して、PanAmSatが反トラスト法違反の訴えを起こした際に、その弁護を担当しました。この法的措置の直接的な成果は、インテルサットの独占を打破し、パンナムサットがデジタル通信業界のリーダーとなることを可能にしたことである。

1976年にハワード・ヒューズが亡くなった後、彼が設立した医療財団がヒューズ・エアクラフト社を非課税信託として保有していたが、ヒューズ・エアクラフト社との関係が深く、慈善寄付が極めて少なかったことから、1985年に米国連邦裁判所から同社の売却を命じられた。入札では、フォードとボーイングがゼネラルモーターズに買収を迫られ、会長は   "エレクトロニクスは、21世紀の鍵になると信じている
"と発言した。さすがに先見の明がある?当時、ヒューズ社が空対空ミサイルのほか、マイクロチップ、レーザー、通信衛星などの製品を製造していることは、国防調達機関以外には知られていなかった。軍向け電子機器の最大サプライヤーであり、第7位の防衛関連企業である。

ダイレクトTVの顧客である一般市民は、1994年にヒューズ社がパンナムサットに「対抗」するために自社衛星(ディレクTVにライセンス供与)を打ち上げたことを知らないのだろう。わずか2年後、ヒューズ社はパンナムサットの株式の81%を取得し、ヒューズ社(とその親会社GM)は、エコースター社が持つ小さな市場シェアを除いて

、米国のすべての衛星通信を支配するようになった。

このプロセスを通じて、非常に多くのアメリカ人が目に
するものをコントロールすることができ、貴重な意見形
成のツールとなるのです。アメリカ以外では、ルパート
・マードックもオーストラリアの衛星王で、1989年に衛
星テレビネットワーク「スカイ」を設立し、その1年後に
ライバルのブリティッシュ・サテライト・ブロードキャ
スティングを買収してブリティッシュ・スカイブロディ
ングとした。

1985年、ゼネラルモーターズがヒューズを買収したのと
同じ年に、マードックはアメリカの独立系テレビ局7社と
20世紀フォックス・ホールディングスを買収したのであ
る。この組み合わせにより、1950年代半ば以来の新しい
テレビネットワークが誕生した。マードックはその後、1
968年にロンドンの新聞社*The   News   of   the
World*を買収し、その直後に*The
Sun*を買収して、オーストラリアの新聞チェーンを英国に
拡大した。

1976年には『ロンドン・タイムズ』を買収し、1980年に
設立されたニューズ・コーポレーションの傘下に収めた
。300人委員会の代表であるマードック氏は、何百万人も
のアメリカ人やイギリス人がテレビ画面で見るもの、新
聞で読むものを事実上独占していたのだ。何百万人もの
人々に長期的な浸透と内部条件付けを行い、文字通り「
洗脳」することが可能になったのだ。

英米の国民が気づかないうちに、静かなクーデターが起
きていたのだ。1988年、ニューズコーポレーションは、
リチャード・ニクソンが1969年に駐英米国大使に任命し
た友人、ウォルター・アネンバーグからトライアングル
出版社（TVガイドなど）を買収した。1993年、マードッ
クはアジアのチャンネル「Star-
TV」の株式の過半数を取得し、その影響力はアジアに進

出した。

しかし、マードック氏の最大の関心事は、アメリカの衛星市場であった。負債を減らすため、News Corp.は1998年に*Fox Entertainment Network*の18.6%の株式を28億ドルで売却し、さらに2001年には*Fox Family Worldwide, Inc*をディズニーに売却して29億ドルを手に入れた。資金が豊富になったマードックは、ヒューズ社から*ディレクTV*を買収する準備を整えた。

FCCの承認（おそらく、すでに代理人によって秘密裏に与えられていた）を待たずに、EchoStarの*DirecTV*買収の*入札は*2001年10月に受理された。2002年7月、「キリスト教放送局のグループ」による司法省前でのデモを経て、ついにFCCは、消費者に害を与える独占を避けるため、この合併案を拒否すると発表したのである。

同時に出されたFCCの裁定は、マードックのニューズコーポレーションがヒューズ社の34%を買収することを認め、マードック自身がヒューズ社の会長に就任することを可能にしたが、1年後に第3巡回控訴審で覆され、FCCに規則の変更を正当化するために差し戻された。マードックはそれでも衛星テレビ番組を続けながら、パンナムサットをプライベート・エクイティ企業のコールバーグ・クラビス・ロバーツ&カンパニー（KKR）に売却して利益を得、その後、通信衛星の株式の27%をプロビデンス・エクイティ・パートナーズとカーライル・グループに売却して44%を自社で保有することにした。これらの株主は、議決権株式の55%を保持したまま、2005年3月に株式を公開し、初期投資の3倍のリターンを得ることができました。カーライル・グループは、ご存知のように、300人委員会のポートフォリオの中でもスター的存在である。

物件の詳細を分析すると、あるパターンが浮かび上がっ

てくる。陰謀をはるかに超えて、H.G.ウェルズが想定した公然たる陰謀へと舞台が移ったのは間違いない。

その間に、300人委員会の超高官であるKKRとカーライル・グループ（ともにブッシュ家と密接な関係がある）が、我々のテレビを支配してしまったのである。300人委員会の行動は明確である。レーガン大統領は、FFCが厳しく管理するアメリカ市場への参入をマードックに許可し、優遇したのだと私は思っている。放送通信博物館のホームページに、非常に興味深い記事がある--
少なくとも、私が前回見たときはそうだった。

> 「そのFOXテレビネットワークは、FOXを「ネットワーク」と定義するために必要な時間数よりも少ない時間数の番組を放送することで、FCCの金融利益・シンジケーション（FinSyn）規則の遵守を回避し、さらに、他の3放送ネットワークが激しく反対するこの規則のFCCによる一時的な適用免除を受けることに成功しました。
>
> さらに、マードックは1988年、エドワード・ケネディ上院議員（兄の故ジョン・F・ケネディ大統領が暗殺されて以来、300人委員会の友人ではなく、当時はマードックのボストン・ヘラルド紙がよくターゲットになっていた）によって、FCCの別の免除措置（マードックがニューヨークとボストンの新聞とテレビ局を所有することを妨げるクロスオーナーシップ規制の免除）を撤回させるための主要ターゲットになっている。ケネディの粘り強い努力の結果、マードックは最終的にニューヨーク・ポストを売却し（その後、1993年に経営不振の同紙を買収するための新たな権利放棄を受けた）、ボストンのWFXT-TVを独立した信託に預けることに成功した。"

アネンバーグ家は『デイリーレーシングフォーム』を売却した後、ハースト新聞社内で裕福になり、「立派な」存在になった。モー・アネンバーグの息子、ウォルター

は、ハースト新聞の発行部長として、チャールズ・"ラッキー"・ルシアーノとメイヤー・ランスキーに「アドバイス」を求め、ニューヨーク・デイリー・ミラーの発行部を「監督」することになった。ウォルターが、2人の使用方法について問い合わせたことはなかったのだろう。

1926年、アネンバーグはハースト社を退社し、ハースト社の新聞社に勤務していたときに推進していた「レーシング・フォーム」に専任することになった。1927年、アル・カポネに脅されていた男から、競馬電信局として知られるテネシー山総合通信局の経営権を獲得した。1929年、アネンバーグはシカゴのマフィアと取引をし、メイヤー・ランスキー、フランク・コステロ、ジョニー・トリオと接触した。その後、アネンバーグは新会社「ユニバーサル・パブリッシング・カンパニー」を設立し、「ウォールシート」や「ハードカード」を発行していた。壁にはレース、馬、騎手、朝のオッズなどが記載され、投資家が資金を運用する際の判断材料にした。

数年後、アネンバーグは1934年8月27日にシカゴでNationwide News Serviceを設立し、カポネ・マフィアの怒りを買った。その結果、アネンバーグは、当時フロリダに住んでいたマイヤー・ランスキーに保護を求めるために逃亡した。ランスキーは、アネンバーグが自分のニュースサービスを南フロリダに移し、アネンバーグの保護と引き換えに、その一部を手に入れるように仕向けたのです。

一時期、このサービスはバハマのパラダイス島でも行われ、ランスキーはメリー・カーター・ペイント・カンパニーというフロント・カンパニーを運営していた。1936年、ランスキーはマフィアと和解し、アネンバーグがカポネのシンジケートと取引することを許可した。信頼できる情報筋によると、アネンバーグは年間100万ドルの警護費を払い、殺し屋に追い回されることなく、自由に他

の趣味に没頭できたという。

通信社の問題を解決したアネンバーグは、「威信と格式」（ランスキーがいつも口にすることだが、彼の他の事業には欠けているものだ）と感じた新聞社、フィラデルフィア・インクワイアラーを購入した。アネンバーグは、1934年以来多くのことを学び、『インクワイアラー』全体の部数を増やすことに成功した。彼は、これを共和党政治の成功の道具とモデルに仕立て上げ、非常に微妙ではあるが、新世界秩序を推進する手段とするために細心の注意を払った。

息子のウォルターは、共和党との接触により、リチャード・ニクソン大統領から駐英大使に任命された。1994年にアネンバーグ氏が亡くなったとき、死亡記事には当然、こうした些細なことは書かれていなかった。彼は悪徳商法で得た利益のごく一部を慈善事業に寄付していたからだ。

メディアそのものがコントロールされているように、私たちもメディアにコントロールされていることを誰も疑ってはならない。これは憶測ではなく、陰謀の事実であり、状況はかなりオープンになった。もし、私が陰謀を越えて暴露している、アメリカがスポンサーとなって推進する様々なプロジェクトの秘密資金がなければ、このシステムを維持することは非常に困難であることは疑いない。

第12章

米国の予算外支出プログラムの秘密が明らかに

連邦準備法は、上記の法律を重要視したもので、300人委員会に、アメリカ国民に対する支配力を与えるものです。また、米国政府が国の最高法規である米国憲法に反し、何十年にもわたって秘密裏に支出や「予算外」プログラムを実行してきたという事実に基づいて、違法なイラク戦争を可能にしたのである。この秘密金融の制度的・政治的基盤は、18   と19 ^{世紀にかけて、}中国と、後にはトルコとのアヘン貿易まで遡ることができる。

その乗り物が、王室御用達の民間企業であるイギリス東インド会社（BEIC）である。19世紀末から20^{世紀にかけて、}、アメリカの産業と銀行の統合は、経済を掌握した企業、特に軍産複合体の支配下にしっかりと置かれていた。19世紀後半のアメリカの産業と金融の偉大なファシスト指導者たちは、中国とのアヘン貿易の経験のおかげで、秘密工作の優れた実践者であった。彼らが19世紀から20世紀にかけて設立した制度   とは、現在も変わらず、彼らの子孫が今日まで支配権を維持しているものである。

ここでは、公式モデルよりも事実に合う、アメリカの政治経済の構造をまとめてみた。公式には、アメリカの資本主義は、民主主義、機会、自己改善、オープンで自由な市場、公共の利益のための建設的な規制、つまり、合

衆国憲法に記載されている幸福、または幸福の追求を特徴としています。このモデルでは、リーダーは国家の利益を第一に考え、政治家は有権者の面倒を見る。しかし、残念ながら、真実はまったく違う。アメリカが広く誤解されている理由のひとつは、コントロールされた教育システムとメディアによるものです。何十年もかけて進化してきたこのシステムは、時が経つにつれて、政治的に正当化されるようになった。独占的な支配が達成されると、プロレタリアートが立ち上がり、その独裁が始まる。私たちはこのような決定論から脱却し、人間が行い、選択したことの結果としてしか、何も起こらないのです。

2001年9月の世界貿易センターとペンタゴンへの攻撃当時、GAO（Government Accounting Office）によると、ペンタゴンでは3兆4千億ドルの「文書化されていない取引」、すなわち目的がはっきりしない金融取引が発生していたという。テロの前日、ドナルド・ラムズフェルド国防長官は、予算をコントロールできないことは、テロよりも米国の国家安全保障にとって大きな危険であると警告した。同時多発テロ以降、政府は「非正規取引」に関する情報の公開を停止した。

この問題は国防総省に限ったことではなく、教育省、国防総省、インディアン事務局など、すべての政府機関や部局にまたがっている。GAOは何年も前から「Financial Report of the United States」という連邦政府向けの書籍を並行して作成している。この報告書は、政府の実際の資産と負債をより明確に把握することで、より良い計画を立てることを可能にするため、政府の財務報告プロセスに「一般に公正妥当と認められた会計原則」を課そうとするものである。国防総省や住宅都市開発省（HUD）を例に挙げると、この基準でGAOの監査に合格したことはない。

これは、17世紀以来の標準的な会計慣行で、資金の出所と使途を分類・追跡し、営利（または公共）企業の正確な姿を描き出すことができるものである。21世紀の軍事組織を旧来の会計方法で運営することは、興味深い意味を持つ異常な状況である。少なくとも、政府機関は議会からその運営に充当された資金で何をしているのか説明できない、あるいは説明しようとしない。住宅都市開発省（HUD）でも同じような状況がある。その主な目的は、少なくとも法律上は、低所得のアメリカ人が手頃な価格の住宅にアクセスできるようにすることであり、HUDはそれを提供するとともに、全国的に信用と信用保険を提供している。しかし、HUDはその活動に関する情報をまとめ、その場所での活動が儲かっているのか、損をしているのか、それとも単に無関係なのか、自分でも他の誰にでも分かるようにしたことは一度もない。

F22戦闘機の製造元であるロッキード・マーチン社が、国防総省に財務管理・会計システムを提供する大手外注先であることを知るアメリカ人はおそらく少ないだろう。ロッキード・マーチン社にとって、国防総省は最大の顧客である。この例は決してユニークなものではありません。ロッキード社は、アメリカの都市部の住宅を管理するHUDに雇われた子会社も所有しており、軍や情報機関との取引が大半を占める同社にとっては、異例の多角化といえる。

同様に、ダインコープ社（最近コンピュータサイエンス社が買収）も、ロッキード社同様、収益のほとんどを政府のセキュリティおよび軍事関連の契約から得ている請負業者である。また、国防総省、HUD、証券取引委員会（SEC）、司法省など、さまざまな政府機関に情報技術を提供する請負業者でもあります。司法省では、同省の弁護士が捜査管理に使用するケースマネジメントソフトウェアを管理しています。

これは、公然たる陰謀の好例であり、別の言い方をすれば、陰謀をはるかに超えた状況である。例えば、ハーバート・ウィノカー（Herbert 'Pug' Winokur）のように、利害が重なり合う例もある。ダイナコープの取締役だけでなく、エンロンの取締役として同社のリスクマネジメント委員会を担当したり、HUDプロジェクトに投資するハーバード・マネジメント・コーポレーションの取締役を長く務めたりしていたのだ。AMS Inc.は1996年にHUDに雇われたコンピューターソフトウェア会社で、内部会計と財務管理のソフトウェアを管理していたが、2年という短期間に約760億ドルもの文書化されていない取引が爆発的に増加するのを指揮していた。AMSは、レガシーな会計ソフトやシステムを並行させずに独自の機器やソフトを導入し、受託者責任と管理責任に違反しました。

この2年間で、HUDの管理下にあるローンや保険の量は3倍以上に増えた。銀行や保険会社のシステム管理に詳しい人なら、このような決断をすれば（決断しなければならないのだが）、巨額の損失を被ることはすぐに理解できるだろう。無能なのか、意図的なのか。無能を信じるのは騙されやすい人だけだ。AMSの会長であるチャールズ・ロソッティは、財務省の内国歳入庁長官に任命され、AMSとの契約を大きく変更することを監督する立場になった。ホワイトハウスの特別措置で、ロソッティ夫妻はAMSの株を持ち続けることができたからだ。

上記の事実に対する多くの人々の反応は、無能と信頼の欠如の証拠に過ぎず、事故であって陰謀ではないと切り捨てることである。しかし、この相対的な開放性の効果によって、米国は今や陰謀を越えて、ウェルズが言うところの「開かれた陰謀」の段階に移行しているのである。

IMB、AMS

Lockheed、Dyncorp、SAIC、Accentureといった企業は、GAOの監査に合格できるシステムを提供することができないでいる。このような操作と政府の正当化は、常識への冒涜であり、非倫理的である。民間企業である以上、自社の決算が承認され、株主に報告される前に監査に合格しなければならない。しかし、彼らは政府に対して同じ基準を一貫して満たしているわけではありません。

多くの場合、政府は前任の退陣する政権のせいにする。ただし、ブッシュ新政権では、通貨監督官John D. Hawke、国税庁長官Charles Rossotti（元AMS）、会計監査官David Walker、CIA長官George Tenetを除いて、クリントンが任命した上級政策立案者がすべて交代したことに留意が必要であろう。

要するに、ブッシュ政権がクリントン政権を非難できないように、連邦政府の信用管理、財務管理、監査、諜報に必要な重要なポジションだ。

民主党と共和党の政権交代がスムーズに行われたことは、党派を超えた顕著なコンセンサスであり、真の権力の座を浮き彫りにしています。ロッソッティを除けば、2004年当時、彼らはまだ現役だった。ロッソッティはどうする？国税庁を退職し、カーライル・グループの情報技術担当の上級顧問に就任した。これほど象徴的で重要なポジションチェンジはないでしょう。カーライルの事業は、グローバルベンチャーキャピタル、つまり世界中の企業の買収に投資するもので、武器メーカーやテクノロジーに特化している。HUDや国防総省の文書化されていない取引の多さは、どうしても好奇心をそそる。これらの取引に関連するお金はどこにあるのでしょうか？また、カーライル・グループが買収資金をどこから調達しているのか、想像を絶する。

米国経済のカルテル化は、20世紀の最初の10年間の終わ

りまでに事実上完了した。1889年、アメリカ最大の銀行家J.P.モルガンは、ニューヨークの5 Avenueにある彼の邸宅に集会を開いた。彼は、アメリカの鉄道所有者たちが、競合する利益を統合するためのコンセンサスを得ることを目的としていた。これは、単に運送会社の幹部が価格を取り決めたというだけではありません。また、鉄道は国内の炭田や石油埋蔵量を支配し、国内最大の銀行と密接な関係にある。

1914年に連邦準備制度が創設され、この統合プロセスは完了した。議会は、アメリカの通貨制度と連邦政府の信用を銀行に委ね、カルテルを正式に認めたのである。これによって、比較的少数の人間が、アメリカの歴史上かつてなかったほどの支配力をもって、経済全体の価格を決定する立場になった。

アメリカの外交政策と20世紀にアメリカが行った戦争（1898年の米西戦争や現在の対テロ戦争など）は、カルテルの世界経済に対する支配を拡大することに成功した。アメリカの南北戦争は、アメリカ経済の支配権を決めるために行われたのであって、奴隷制を廃止するために行われたのではない。ほとんどのアメリカ人は、過去150年にわたる戦争は、アメリカの手に負えない理由で悲しいことに必要なことだったと説明するだろう。つまり、アメリカは意図的にではなく、偶然の産物として国際的に優位な地位を築いてきたということである。反対意見を主張すると、「陰謀論」の犠牲者だと嘲笑される。また、利己的な個人や組織は、共通の目標を達成するために協力することはできないと考えられています。

J.P.モルガンが非競争契約を結んだのは、決して偶然ではありません。同様に、アメリカの戦争は事故ではなく、一般に考えられているよりもはるかに収益性の高いものであった。第二次世界大戦末期、アメリカはドイツと日本の戦時中の財宝を何十億ドルも没収した。トルーマン

大統領は、意識的に公開しない、本国へ送り返さないという決断をしたのだ。その代わり、秘密工作の資金として使われた。

一般に、20世紀の最初の10年間にトラストが解体されたのは、セオドア・ルーズベルトの中産階級のための聖戦のためであるという神話がある。ルーズベルトは、「大企業」に対する公的な姿勢を利用して、自分が攻撃している実業家から選挙資金を獲得したことは確かである。そのためか、彼は後に、同じビジネスマンに対する刑事罰を廃止する法律に署名した。これは「リベラル」あるいは「プログレッシブ」な大統領に共通する特徴である。

二代目ルーズベルトのフランクリンは、世界恐慌を終わらせた弱者のチャンピオンと言われている。この社会保障制度は、受益者に対する逆進性の高い税金を財源としている。企業のマッチング拠出は税引き前の事業費として控除することが認められたが、これは、失われた税収から企業負担分を賄うことで、プログラムの逆進性を拡大させただけであった。

ルーズベルトは優れた政治家であり、改革案を巧みに横取りして実行に移せず、地滑り的な勝利を収めた。その代わりに、彼は国家経済の緊急事態を宣言し、その権力に対する法廷での憲法上の挑戦を回避したのである。彼はいち早く国債契約の金条項を無視し、1934年に為替安定化基金（ESF）を創設した。表向きは外国市場でのドルの安定を図ることを目的としているが、実際には全く異なるものであったし、今もそうである。議会に対しての説明責任はなく、大統領と財務長官に対してのみ責任を負う。要するに、連邦政府の信用を引き出すことができる無申告ファンドである。

サーボ機構

為替安定化基金（ESF）の設立は、1914年の連邦準備制度の設立と同じ理屈である。後者の連邦準備制度も、1907年の大暴落という危機に対応して作られたものである。ウォール街の伝説的人物、J.P.モルガンの天才と愛国心が国を救った。

実際、この大恐慌によって、モルガンは競合他社をつぶし、その資産を買い占め、その過程で銀行とモルガンがいかに強大であるかを国内外に明らかにすることができた。誰もが感謝しているわけではなく、国家通貨と連邦信用システムを公的な監視と管理の下に置くための立法措置を要求している人もいる。

政治的詐欺の見事なキャンペーンで、連邦準備制度はまさにこの目的のために1912年に議会の法律で創設された。連邦準備制度は、おそらく最も極悪非道な、アメリカ国民への奴隷制度の押しつけで、国際銀行家と、その代理人であるアメリカの下院と上院の間の陰謀によって設立されたものです。

しかし、銀行が所有する民間企業として設立することで、議会は事実上、これまで以上に強力な地位を銀行に譲り渡すことになった。

今日でさえ、連邦準備制度が、名目上規制している利害関係者によって所有されている私企業であることを知る人はほとんどいない。

このように、米国における連邦信用通貨制度の統制と、それに伴う豊富な特権的情報の流れは、国民の目から隠され、秘密裏にコントロールされており、それがむしろFRB議長の奢りを説明することになる。

秘密支配の拡大は、金融に限ったことではない。1947年の国家安全保障法は、中央情報局（CIA）と国家安全保障会議（NSC）を創設し、三軍の統制をペンタゴンに一元化させた。これは、秘密の原則を「国家の安全保障」の

領域まで拡大したに過ぎない。連邦準備制度と同様、CIA
は予算の公開を免除され、情報機関全体に対する予算統
制権が与えられた。また、国務省や大統領直属の軍司令
部など既存の国家政策決定機関とは別の政策決定機関と
して、国家安全保障会議が創設された。

1949年に制定されたCIA法は、CIAが
"政府資金の支出に関する法律や規則の規定に関係なく
"好きなだけ資金を使えるようにする予算上の仕組みを作
り出した。要するに、CIAは国家安全保障法の保護のもと
で、合法であれ違法であれ、どんなものにも資金を提供
できる方法をもっているのである。

官僚が秘密裏に政策を立案する手段を作り、次にそれを
実行する手段を作った。国民経済の中で、お金の流れを
どうコントロールするかが大きな課題だった。その解決
策として、政府はクレジット市場で支配的な地位を占め
ることにした。

そのために、まず1934年に連邦住宅公社（HUDの前身、
現在はHUDの一部）を設立し、次にジニーメイ、最後に
ファニーメイとフレディマックを設立し、住宅購入者に
住宅ローンの融資と保険を提供する政府出資企業（GSE
）とした。その裏にある政治的な目的は、もっと微妙な
ものです。連邦準備制度理事会（＝カルテル）の貨幣価
格決定力と相まって、FSE、GSE、そして最近では住宅都
市開発省（HUD）は、米国経済における資金の流れと需
要を規制する強力な力を持っていることが証明されてい
ます。

また、アメリカ史上初めて軍事予算と平時の兵力構成を
採用し、軍隊も改革された。1960年代初頭、この構造は
、明示的なコスト・プラス買収プロセスの採用によって
洗練された。このプロセスを正当化したのは、例によっ
て国家安全保障である。この軍事予算は、不動産金融の
統制が信用の統制であったのと同様に、産業界の統制に

有効であることが証明された。これらは、従来、貨幣的な国内総生産（GDP）で測定されてきた経済を事実上支配するものである。以上のような制度的構造を少し考えてみると、その引き受け手として連邦政府の信用が中心となっていることがよくわかる。連邦政府は、財務省が補助する信用枠を提供することで、GSEを保証している。さらに、借入コストの低下という間接的な補助は、これが政府の支払い能力に対する暗黙の保証であると市場が考えることに起因している。

この話題は時々議論を呼ぶが、実は政府の支援を受けているのはGSEだけではないのである。

1980年代前半のコンチネンタル・イリノイの破綻以来、政府は非公式に銀行システムに対する支援を表明してきた。これは、1990年代初めのシティバンクの救済と、その結果、銀行セクター全体が受けた暗黙の補助金によって、より明確になった。また、このような支援の恩恵を受けているのは、金融機関だけではありません。ロッキード・マーチンもクライスラーも、過去に納税者によって倒産を免れたことがある。その理由はおそらく、主要な防衛請負業者であるということである。このようなシステムは、銀行システムが「大きすぎて潰せない」ドクトリンと無遠慮に呼んでいるように、規模を非常に重要視しているのである。[7]しかし、産業界の企業にとっても、国防総省と契約関係にあることは大きな価値がある。コスト・プラス契約という経済的な　　　　　　　"涅槃"があるだけでなく、規模が大きければ、国家安全保障上の理由から根本的なビジネスリスクが保証されるのである。そのため、企業は純粋な民間市場ではなく、軍事市場に事業を移行する傾向がある。今日、ボーイング社はその代表的な例である。その結果、民間企業が次々と倒

---

[7] "Too big to fail", NDT.

産や買収に追い込まれ、本来は民間企業を保護するはずの組織が倒産してしまったのだ。

コスト・プラス契約の力学は、コストが増加するにつれて利益が増加するようになっている。このことは、米国の軍事予算が、軍事的な即応性が低下しているにもかかわらず、年々増加の一途をたどっていることを説明する上で、大きな意味を持つ。しかし、これまで見てきたように、生産性の低下という損失は、非軍事的な契約による競争が押し寄せたり、買収されたりすることで、経済の広い範囲に及んでいる。

このような実体経済の損失は、資金を調達する必要があり、その結果、他の場合よりも高い信用需要が生じることは明らかである。生産性の低下と生産基盤の縮小を考えると、いつかは純輸出がマイナスになることは避けられず、米国は1982年にその状況に入り、それ以来、その傾向が強まっている。現在、米国の対外純債務は約3兆ドル（GDPの30%）で、毎年約5,000億ドル（GDPの5%）のペースで増加している。

このような海外からの借入を通貨安で賄うには、国内のキャッシュフローを可能な限りコントロールする能力と、少なくとも一部の主要な海外諸国が国際的なキャッシュフローを同様にコントロールするための協力の双方が必要である。後者の場合、市場がドルを下げるのを防ぐために、ドル余剰で純輸出ポジションが強い国が介入を強めるという形もある。

つまり、ドルをどんどん貯めて、それを米国債に投資しているのである。現在、米国債の発行残高の約45%を外国人が保有している。1月、日本銀行は財務省に代わって為替介入を行い、その月だけで690億ドルという途方もない額を購入した。これは、記録的な年であった2003年の介入総額の30%以上に相当する。

これらのことは、多くの人が「ブラック」な諜報活動を連想する「ブラック予算」とはあまり関係がないように思われるかもしれない。しかし、黒字予算は、それが発生する政治的、歴史的、経済的背景を理解せずには、単独では理解できないのが実情である。それを理解する一つの方法は、トレンドを比較することです。例えば、1950年のダウ平均株価は200ドルだったが、現在のダウは10,600ドルである。1950年当時、アメリカでは麻薬の売買は比較的知られていない犯罪だった。現在では、都市部だけでなく、小さな町や農村部でも横行している。1950年当時、アメリカは世界の金の大半を所有し、世界最大の債権者であった。現在では、世界最大の債務国となっている。1950年当時、アメリカは世界に対して工業製品を輸出する主要国であった。現在の傾向では、米国は製造業の自給率が低く、2020年にはまともな製造業すら存在しなくなると言われています。

これらの傾向には関連性があるのでしょうか、それともランダムなのでしょうか？麻薬取引と株式市場に正の相関があると考えるのは奇妙に思えるかもしれないが、考えてみてほしい。1990年代後半、米国司法省は、米国の銀行システムに入る麻薬取引の収益は、年間5000億ドルから1兆ドル、すなわちGDPの5～10%以上に相当すると推定している。犯罪の収益は、合法的な、すなわち正規の経路に入る方法を見つけなければならず、そうでなければ、その保有者にとって何の価値もないのである。銀行がこのフローを処理するために受け取る手数料を1%と仮定すると（マネーロンダリングが売り手市場であることを考えるとむしろ低い）、銀行がこの活動から得る利益は50億ドルから100億ドルのオーダーになる。

連邦準備制度理事会が沈黙している理由の一つは、政府の機関そのものが60年以上にわたって麻薬取引に関与してきたことである。黒字予算を理解するためには、海外での戦略的目標を追求するために、米国の医薬品消費市

場を海外の輸出業者に開放するという米国の慣行を知っておく必要がある。

麻薬は持ち運びが容易で、生産から販売までの間に価格が大幅に上昇するため、特に秘密工作の資金源として有用である。最も重要なことは、医薬品の販売による収益が、従来の、そして憲法上の資金調達ルートから完全に外れているということだ。このことは、コロンビアからアフガニスタンまで、世界中の紛争地帯で麻薬密売が蔓延していることの一端を物語っている。

しかし、麻薬の売買が地域社会や経済に与える影響については、ほとんど研究されていません。例えば、不動産市場や金融サービスへの影響について考えてみましょう。不動産業は、マネーロンダリングに関する規制が全くないため、麻薬販売で得た余剰資金を利用するには魅力的な業種である。現金は身近な決済手段であるため、大金を簡単に処分することができる。これは、地域の需要に大きな歪みをもたらし、その結果、不動産投機とその資金調達のための信用需要の増加を促進し、投機や詐欺の機会も多くなります。

1980年代のイランコントラ事件には、こうした要素がすべて含まれていた。CIAが支援するニカラグアのゲリラやエルサルバドルの死の部隊の資金源としてイランに武器が売られていたことはよく知られているが、地元の金融機関からの組織的略奪や米国への麻薬販売があったことはあまり知られていない。そして、銀行が破綻すると、株主、保険に加入していない預金者、納税者がそのツケを払うことになる。

要は、麻薬取引は、経済活動に従事するインセンティブよりも、非経済活動に従事するインセンティブの方が大きいという環境を作り出しているのです。要するに、コンプライアンスよりも盗難による利益の方が大きいということです。

カルテル化した経済において公共政策の観点から重要なのは、あらゆる種類のキャッシュフローをコントロールし、集中させる能力である。そのためには、銀行が破綻することよりも、連邦政府の信用で損失を補填できることが重要である。そうすることで、損失の金銭的コストは、国民の納税者基盤に転嫁される、つまり社会化されるのです。したがって、連邦政府に喜んで融資する者がいる限り、このゲームは続けられる。かつて下院銀行委員会の委員長であったルイス・T・マクファーデン下院議員の目を通して、犯罪企業としての連邦準備制度を簡単に紹介すると、示唆に富むかもしれない。

連邦準備銀行制度が、人間が考え出した最大の詐欺であることを知らない人は、ここにはいないでしょう。

偉大なアメリカの愛国者、故ルイス・T・マクファーデン下院議員は、その議員時代を通じて、アメリカ国家の怪物的な癌と闘った勇気ある政治家である。この勇敢な愛国者は、アメリカの偉大な英雄の一人である。彼は、1913年の連邦準備法によって愛する国に課せられた露骨な金融奴隷制度に対して、あえて声を上げたために命を捧げた人物なのである。

1回目は、ワシントンのホテルの前でタクシーから降りたマクファーデン氏に発砲したもので、2回とも命を狙われたが失敗に終わった。2発とも失敗し、弾丸は目的の相手ではなく、タクシーのボディに命中した。毒入りのカップでマクファーデンの命を狙う2回目。マクファーデンやアメリカ国民にとって幸いだったのは、彼が出席した夕食会に、ある医師が同席していたことだ。医師は胃をポンプで動かし、間一髪でマクファーデンを死の淵から救い出すことができた。3回目も毒を切って挑戦し、今度は成功した。不思議なことに、死亡診断書には死因が「心不全」と記されている。

➤　腐敗した中央銀行システムを構成するものは

何か、それを動かしているのは誰なのか。

> アメリカ国民を奴隷として拘束しているのは、いったい誰なのか？

> 米国憲法を回避することに成功した人たちとは？

> 7月4日をバカにする人たちってなんなの？

この本で、私はこの暗く邪悪な男たちと、議会議員の誰もが恐れているような彼らの「クソバビロン」銀行システムに光を当てようと試みる。

連邦準備制度の共謀者たちが、彼らの怪しげな法案を通過させることに成功し、修正案16
が採択されたとき、人類の歴史上知られている最も恐ろしく効率的にアメリカ国民を搾取し、奪う方法を設定するための長年にわたる陰謀の章が閉じられたのである。

合衆国憲法の規定を覆そうとする不謹慎な集団の協調的努力は、連邦準備法の成立という形で報われ、金融権力と専制政治を少数の顔の見えない人間の手に委ねることになったのである。連邦準備銀行制度が健在なのに、自由と正義について語るのは無益であり、愚かでさえある。連邦準備制度が存続する限り、自由も正義もないのです。私たちは、本当の意味で奴隷なのです。なぜなら、私たち一人一人が、連邦準備制度に、2万3千ドル以上の借りがあるのは事実だからです。そう言われているんです!私たちは、いわゆる「国の借金」を背負っているのでしょうか？

もし、答えが「イエス」なら、私たちはまさに奴隷なのです。連邦準備銀行制度は、12の民間銀行を中心に構築されている。多くの銀行が巧妙に分類を変え、決して「中央銀行」とは呼べないようにしているが、そんな欺瞞に騙される人はいないのである

連邦準備制度として知られる民間銀行独占は、アメリカを最も醜い支配者の手に置いた。古代エジプトのファラオの支配者よりもはるかに悪い。1913年、アメリカ国民を生殺与奪する権力を、文豪H・L・メンケンが「下衆の極み」と評した一団に与えたのである。

連邦準備銀行（FRB）は、「スレッドニードル通りの老婦人」（イングランド銀行）をモデルにしており、その主任設計者であるJ・P・モルガンは常にヨーロッパ王政の財政代理人であった。ジョン・P爺さん」が築いた銀行王朝は、今でもフォンディ、すなわち旧王家とそのヴェネチアの従兄弟である黒人貴族を代表する存在である。これは、2007年になっても変わらない状態です。

FRBは毎年巨額の利益を得ることができ、マクファーデンが登場するまで、憲法上の問題はなかった。1930年、マクファーデンは、アメリカ国民から盗まれた280億ドルの返還を求め、連邦準備制度を訴えた。マクファーデンのFRBへの攻撃は、ウォール街に衝撃を与えた。マイヤー・アムシェル・ロスチャイルドが創設したロスチャイルド王朝は、彼の代理人であるアウグスト・ベルモント（仮名）を地上最強の国家の財政と金融のトップに据えたのが最大の功績であり、見苦しいほどの挑戦と見なされていたのである。ロスチャイルドのもう一人のエージェントが、西インド諸島からワシントンやニューヨークの舞台に登場したアレキサンダー・ハミルトン（これも偽名）である。

ハミルトンは、実はイギリスの諜報部員で、ベルモントの全面的な協力と支援を受けて、アメリカの金融政策の主導権をすぐに握った。ハミルトンとベルモントは、驚くほど短期間にウォール街の銀行界やニューヨークの上流社会に入り込むことに成功した。ハミルトンとベルモントは、後に人類最大の奴隷国家となるアメリカ合衆国の礎を築いたのである。FRB」が本当の意味での準備銀

行ではなく、巨大な詐欺であり、デマであることを誰も気にしていないようであった。

これは、学校や大学でお金の基本すら教えないという意図的な政策によって可能になったもので、脅しや脅迫とあいまって、お金を「神秘的」なものとして、理解しにくいとされるのに十分なものである。リーダー不在でスピンレスな議会は、「お金」の基本的な概念の理解不足に拍車をかけただけである。

議会は、FRBが違法な機関であることを十分承知しながら、アメリカ国民を犠牲にしてFRBが存続することを許し、今日に至ってもなお、明白な職務怠慢を続けているのだ。そんな恐ろしい悪夢が、なぜ現実になったのか？そのきっかけは？ヨーロッパの中央銀行は、憲法を守るために選ばれたはずの議会の目の前で、自分たちがあれほど嫌っていたアメリカの憲法をどうやって破壊することができたのだろうか。ヨーロッパの中央銀行の「無節操な悪人」からアメリカ国民を守るためにあるアメリカの法律の一条項を、どうして悪人が乗り越えてしまったのだろう。

下院と上院の要所に自分たちの代表を配置したヨーロッパの銀行家、つまり共謀者たちは、自分たちが築いた橋頭堡を固めるために素早く動き出した。

その正体を見抜いたのは、アンドリュー・ジャクソン大統領だけだった。今日の連邦準備銀行の前身である合衆国第二銀行を閉鎖するという公約で当選したマディソンと共和党は、ウォール街からの執拗な圧力を受け、1816年に合衆国第二銀行を強引に設立した。第二合衆国銀行も、20年の勅許期間を持つ第一合衆国銀行と同様、アメリカ国民に何の恩恵も与えない民間銀行であった。その目的は、アメリカ国民を犠牲にして銀行の株主を豊かにすることであり、この事実にジャクソンはすぐに気づいた。

ジャクソンは公然とこの銀行を非難し、第二合衆国銀行への政府貨幣の預託を禁止する作戦は壊滅的な成功を収めた。彼の銀行とその株主に対する攻撃は迅速で、米国の銀行史上、他に例を見ないものだった。これによって、ジャクソンはアメリカ国民の大多数の支持を受け、再選挙に出馬すると、晴れてホワイトハウスに返り咲いた。彼は、アメリカ国民のために大きな勝利を収め、議会で可決された第二合衆国銀行の延命を図る法案に素早く拒否権を発動したのである。

ジャクソンは民衆から絶大な人気を誇っていた。国の借金は帳消しになり、政府は何とか黒字になった。ジャクソンは、国の余剰金3,500万ドルを各州に分配するよう命じたが、これは憲法起草者の意図したところであった。心配なことに、1832年になっても、この銀行は議会で可決されていた。それ以来、下院と上院は連邦準備制度を閉鎖することを拒み、私たちは、アーサー・バーンズからアラン・グリーンスパンまで、誰であろうと「FRB」議長に頭を下げる議員たちの光景を定期的に目撃しているのである。

FRB」議長が委員会で証言するよう呼び出されるたびに、議員たちがネクタイを引っ張っているのを見ると、胸が痛む。ボルカー氏が委員会のメンバーの顔に葉巻の煙を吹きかけ、ユタ州のジェイク・ガーン上院議員が彼に気前よく頭を下げるという一幕も忘れられない。しかし、委員会の上院議員は、ボルカー氏の主張には目をつぶり、自分たちが守ると誓った憲法を汚すことに加担したのだ。

憲法は、お金を誰が管理すべきかを明確に定めています。

第1条第8項第5号には、次のように書かれています。

"...議会は、貨幣を鋳造し、その価値および外国の貨幣の価値を調節する権限を有する。

彼は続けます。

> "いかなる国家も金貨と銀貨以外の貨幣を債務の支払い手段としてはならない"

憲法はどこにも、議会が権限を委譲することを認めていない。すべての選挙の争点は連邦準備制度理事会の存続であり、すべての公職の候補者は、当選したら連邦準備制度の廃止に投票するという誓約に署名することを義務付けられるべきであり、そのような誓約には法的拘束力がなければならない。この誓約に従わない場合は、罷免の対象となります。

FRBを米国に持ち込んだ責任者は、悪党の集まりのようなものである。サーモン・P・チェイス、J・P・モルガン、アレクサンダー・ハミルトン、マンデルハウス大佐、アルドリッチ・ヴリーランド、A・ピアフ・アンドウ、ポール・ウォーバーグ、フランク・ヴァン・デル・リップ、ヘンリー・P・デヴィソン、チャールズ・D・ノートン、ベンジャミン・ストロング、ウッドロウ・ウィルソン大統領、アルセーヌ・プジョ、サムエル・アンターメイヤーなど、ふさわしい候補者を挙げればきりがありません。

この男たちとウォール街の仲間たちは、わが国の海岸を攻撃するどんな外国軍よりも、若いアメリカ国家にダメージを与えているのだ。もし、外国の勢力に侵略され、敗れたとしたら、今以上に奴隷になり、自由を奪われ、建国の父たちが描いたアメリカの未来を信じる理由もなくなるだろう。私たちは、理性的な人間が信じようとしないほど巨大な詐欺に巻き込まれているのだ。アメリカの偉大な愛国者であるウィリアム・ジェニングス・ブライアンは、この新しい形の奴隷制度に反対し、紙幣貴族を非難したのである。

> 議会は、貨幣を鋳造し発行する唯一の権限を有しています。私たちは、法定通貨とされたすべての紙幣を、

硬貨と交換できるようにすることを要求します。

しかし、彼は洗礼者ヨハネのように、荒野で叫ぶ声であった。連邦準備法は、1907年にモルガンが中心となって周到に計画・演出された「パニック」の後、1908年5月30日に議会で可決された。2007年になっても、モルガンは、最高経営責任者のデニス・ウェザーストンを通じて、ウォール街のモルガンの事務所に掲げられた英国旗の下で、毎日のように国務長官に財政政策を指示し続けているのである。

1908年の法案は「アルドリッチ・ヴリーランド非常通貨法」と題された。この名前自体、世間を欺く意図でつけられたものだ。緊急事態が発生したわけではありません。ちなみに、ネルソン・アルドリッチはデイヴィッド・ロックフェラーの祖父であり、エドワード・B・ヴリーランドはニューヨーク出身の銀行員補で、憲法を守るという宣誓に反して、主人のために必要な奉仕活動を進んで行っていた人である。こうして、民衆との戦いの基礎が築かれたのである。このメッセージを読んで、そうでないと思う人がいないようにしてください。FRBの設立は、アメリカ国民に対する宣戦布告であった。

歴史上、戦争には3つの基本的な種類とスタイルがあることが分かっています。戦争をする唯一の直接的な方法は宗教であり、神に従うために私腹を肥やすよう人々に求めるが、その神はたいてい地上に住所があることが判明する。しかし、この方法は、すぐに幻滅し、元に戻すのが難しいという欠点があります。軍事的な征服による戦争は、もちろん最もわかりやすい方法だが、征服された国の占領を維持するために莫大な費用がかかり、侵略者に対する根強い憎しみを克服できない限り、本当の意味で征服されたことにはならない。

ボルシェビキ革命、毛沢東の中国、カンボジアのポル・ポトの場合、これは「反革命分子」と呼ばれる数百万人

の殺害によって達成された。私たちが「FRB」の圧倒的な支配を無視し続ければ、私たちの番が来たとき、間違いなくアメリカでも同じことが起こるでしょう。もし、私たちがテレビのアヘンや大衆スポーツの麻薬からエネルギーをそらすことを始めなければ、私たちは世界の歴史の中で最も偉大な服従させられた国として歴史に名を残すことが確実であろう。

第三に、おそらく最も効果的な戦争の形態は、経済戦争である。すべての戦争は経済的なものである、というのは正しい。戦争は経済が根底にあり、いつの時代もそうでした。この場合、被征服者は捕虜に対してよりおとなしく、協力的である。移動、宗教、集会の一定の自由を享受し、2年か4年ごとに代表者を選ぶという茶番にさえ耐えている。今日のアメリカは、銀行システムではなく、銀行システムの異常であり、そこでは大規模な窃盗が行われているのである。

このシステムは完全に変質しており、ビジネススーツを着たペテン師が、アメリカ国民から正体を隠してパネル張りのオフィスに座っているのだ。連邦準備銀行制度が議会によって課されてから85年後の今日、我が国の財政を支配する男たちの名前は、まだ知られていない。オープンガバメント
"と呼ばれ、公務の非公開を禁じる法律が豊富にある今日、このカーペットバガーたち[8]
は、いまだに国家の銀行業務を秘密裏に行うことができるのだ！このようなことは、日本ではあまり知られていない。私たち国民は、彼らが誰であるかを知る術がなく、したがって彼らの責任を追及することもできない永久

---

[8] Carpetbaggers
"とは、国家の通貨制度を乗っ取った銀行家・商人・保険業者の蔑称である。

的な状況を、どうして容認することができるのでしょうか？貨幣を鋳造し、その価値を調整する権利は、独占的に国民に属している。しかし、我々は毎年、このような泥棒が国家を身代金にし続けることを許し続けているのである。

米国は、無価値な小切手帳のお金と連邦準備銀行の債券で金融と財政を行なっている。本当のお金である国の貨幣は、今では遠い昔のように思える時代にも、必ず政府が発行していたのです。それが今、高級窃盗団の手に渡っている。帳簿の記載を通じて、連邦準備制度は無からお金を作り出し、それを日常的に国家の首を絞めるような高利貸しで米国債に貸し付ける。利潤は死罪であるという聖書の法律はどうなったのだろうか。この国の人々に対して行われている経済戦争は、私たちがそれを止めなければ、私たちの生活様式が大きく変化するところまで来ています。私たちはすでに奴隷のような国民です。あとは連邦準備制度の主人たちがそれを公式に表明するだけです。

1910年、謀略家たちは、無防備なアメリカ国民に対して行動を起こすだけの力を持ったと感じた。1910年11月22日夜、封印列車が出発し、地ならしをした。レーニンと同じように、彼らは密閉された列車が完全な匿名性を実現する最良の方法だと考えたのだ。封印された列車は、ニュージャージー州ホーボーケンを出発し、ジョージア州沖にあるジキル島へ向かった。

歴史上、これほど強大な敵が無防備な国家に戦争を仕掛けてきたことはない。彼らの武器は、裏切り、扇動、嘘、欺瞞であった。ネルソン・アルドリッチ上院議員を筆頭に、A．財務次官補のピアット・アンドリュー、ニューヨーク第一国立銀行を代表するチャールズ・D・ノートン、ニューヨーク・ナショナル・シティ銀行のフランク・ヴァン・デル・リップ、JPモルガンのヘンリー・P・デイ

ヴィソン、ポール・モーリッツ・ウォーバーグ、ベンジャミン・ストロング、その他小規模の銀行家数名が参加した。彼らが着手したプロジェクトは非常に凶悪で、その原因は非常に深く、私はあえて、米国が関与したどの戦争の痛みと苦痛をも上回るものであることを示唆している。

このグループとジキル島での開催を最初に示すのは、1916年にE.C.フォーブスが発表した記事である。Jekyll Islandの参加者は、誰も自分のプロジェクトについて書いていない。カーター・グラス、ウォーバーグ、ハウスの3人は、フランケンシュタインの創造について多くの著作を残しているが、アメリカ国民から遺産を奪おうとする企てに自分が果たした役割については誰も明かしていない。その原動力となり、指導的役割を果たしたのが、ポール・モーリッツ・ウォーバーグであったことは間違いない。

アルドリッチは、ウォーバーグから元老院への便利なメッセンジャーにすぎなかったと私は思う。彼がジキル島の陰謀に加わった理由は、ウォーバーグとウォール街の銀行家たちの命令を実行するために、法案の起草に意欲を見せたことだけである。

フェルディナンド・ルンベルグは、著書『六十の家族』の中でこう述べている。

> 「ジキル島での長時間の会議は、入念な秘密主義の中で行われた。ジョージアまでの旅は、アルドリッチと旅行者がチャーターした専用車で、すべて列車の乗務員が身元を確定できないような方法で行われた。長い間、コンクラーベは行われなかったと信じられていた。金融業者は、国民経済を大規模に操作するために、ヨーロッパをモデルとした中央銀行を望んでいた。
>
> この銀行は、アンドリュー・ジャクソンによって、民間の手にあまりにも多くの権力を集中させたために取

り壊されたのである。ベテランのネルソン・アルドリッチ氏は、ジキル島の「アヒル狩り」が考案したシナリオを披露したが、すぐにウォール街の悪徳業者と決めつけられ、今のところ何の成果も得られていない。"

ウィルソン政権の仕事は、基本的にこの法案を法令に載せることであったが、奇妙な装いをしたものであった。このような法案の作成は、陰謀団の中で最も経験のある銀行家の一人であるウォーバーグに任された。ウォーバーグは、回顧録にあるように、ウォール街の大金持ちと協力し、行政の助言が必要な時には、エドワード・M・ハウス大佐と協議した。

ウォール街の計画は、ウィルソンとカーター・グラスによって表面的に修正されたが、ジキル島のカモ狩りが描いた、装飾品をまとった中央銀行の設計図に過ぎなかった。ウォール街の不届き者の反対もあったが、アメリカ銀行協会では広く支持された。実際には、ニューヨーク連邦準備銀行が、12の地方銀行からなるシステムの橋頭堡となった。他の11の銀行は、中央銀行の問題を解決し、内陸部のジャクソン派の不安を和らげ、単一の中央銀行に対する憲法の制約を回避するために作られた霊廟であった。

自由であることを決意し、その目標を達成するためにイギリスとの大きな戦争を経験した偉大な米国が、今、裏切り者の銀行家グループに騙されることほど屈辱的なことはないだろう？他の場所や私の出版物で述べたように、アメリカの女性や子供たちは、年々少ない賃金で、どんどん働きに出なければならなくなり、その一方で、幻滅して失業した夫や父親は、仕事がないために家にいることを余儀なくされているのです。離婚が増え、望まれない胎児を殺すことも増えている。中絶は合法的な屠殺場となり、大量の墓穴を掘る人たちにたくさんのお金を生み出している。これらはすべて、憲法を無視した売国

奴、扇動家である300人委員会とその手下の仕業である。

貨幣を発行できるのは「王冠」だけだった昔からの変化は、神学を科学的手法に置き換えることでもたらされ、哲学は近代的な銀行手法を薄く装った腐敗とプラグマティズムにその座を奪われたのである。私たちは、銀行が無から有を生み出すことを許したのです。人間はこれまで何を創造してきたのか？答えは、「お金」を除けば、まったく何もありません。創造とは、それまで存在しなかったものを作ることです。紙幣になると何が見えてくるのか。政府は法定通貨だと言っている。しかし、それは無価値な紙であり、そこに何枚もの額面が書かれているため、例えば家のような実質的価値のあるものと「交換」することができるのです。しかし、家庭や家だって作られるわけではありません。

粘土やシリカ、木の板など、すでに存在する物質の形を人間が工夫して変え、労働力と組み合わせて完成させたものです。家を建てるには何かとお金がかかるが、「FRB」の奴隷の主人たちが「お金を作り出す」のにはほとんど何もかからないのである。実際、唯一のコストは印刷費であり、それさえも連邦準備制度以外の誰かが大部分を負担しているのである。だから、聖書のいう「バビロンの大淫婦」がいかに不公平で不公正なものであるかは、理解できないことではないだろう。

お金がなくても大丈夫？しかし、同じように、お金を稼ぐ人、つまり、工夫と努力によって家を建てた人は、十分に報われるべきで、報われないのです。

この不平等を是正する唯一の方法は、ジキル島密造列車強盗の親族の手から、（お金を稼ぐのではなく）お金を作り出す力を奪うことだ。もしそうしなければ、そしてお金を作る権限を議会に戻さなければ、私たちは破滅的な国家になるのです。ウッドロウ・ウィルソンがペックのラブレターの暴露という強迫観念のもとに連邦準備法

に署名させられたとき、私たち国家は不可侵の権利と自由を失ってしまった。多くの議員たちが、ジキル島で野蛮な海賊から身を守るよりも、クリスマスに家にいることが重要だと考えたあの日は、まさにパールハーバーの比ではないほどの悪名高き日であった。

"何がそんなに悪いのか、FRBの何が悪いのか"。"よく聞かれます。まず、すべてがとんでもない嘘である。政府の機関ではないし、国家の最高法的権威である憲法が違法だと言っているのだから、違法なのだ。そうすると、私たちは皆、無法者の社会で生きていることになります。連邦準備制度は、高利貸し（利子）の支払いによって、富の生産者からお金を強奪することによって、本当の富の生産者から何十億ドルも盗んでいます。

その結果、私たち国民は、顔も知らない銀行家たちに何十億ドルもの貢ぎ物をすることを余儀なくされるのである。

私たちは、顔の見えないペテン師たちに何十億もの利子を支払っている。さらに悪いことに、そうすることによって、私たちは銀行家たちに、委員会が望ましいと考える方向に経済を誘導する手段と資源を与えているのである。

第13章

米連邦準備制度理事会（FRB）のクーデター

1929年、米国は、ウィルソンが引きずり込んだ悲惨な第一次世界大戦にもかかわらず、豊かな国であった。この国には、技術、天然資源、創意工夫など、真に世界一の産業大国となるためのすべてが備わっていた。農地は豊かで肥沃であり、人々は熱心に長く働き、モノやサービスという真の富を生み出すことを望んでいたのです。しかし、ジキル島での国売りに参加した人たちは、納得がいかなかった。欲が彼らを支配していた。300人委員会は、あちこちで経済を混乱させ、深刻な通貨供給不足を組織して、アメリカンドリームを破壊することに成功したのである。アメリカは侵略軍に奴隷にされたことも、飢餓や疫病に襲われたこともない。何が起こっても、私たちは対処できる。ところが、国民の血液を維持するために最も必要な時に、お金の供給元が供給を停止することになったのです。

その結果、どうなったのでしょうか。我が国は壊滅的な打撃を受けた。文化都市ドレスデンは、第二次世界大戦におけるウィンストン・チャーチルの殺人爆撃によって、アメリカが1929年から30年にかけての大恐慌で受けたような被害は受けなかった。

連邦準備銀行は、意図的に、悪意を持って、通貨供給量から80億ドルを引き出し、労働人口の25％を失業させた。農民やビジネスマンへの信用や融資を否定したのだ。

そして、誰も払えなくなると、国民の本当の財産である家、農場、不動産、設備などを差し押さえたのである。

つまり、リアルタイムでクーデターによって作られた違法団体である連邦準備制度理事会は、マネーサプライを引き締めることによって、国家からモノとサービスという真の富を奪い、ウォール街崩壊後の米国で、不動産をわずかな金額で手に入れることを可能にしたのである。これは、いつまた起こるかわからない。連邦準備制度が、私たちからお金を奪うことを可能にした機械は、1929年当時と同様、今日もそのままの形で残っています。もちろん、そのために設計されたものです。

連邦準備制度は一度も監査されたことがない。政府支出の監視役である会計検査院（GAO）には、これまで一度も許可されていない。マクファーデンからの圧力で、GAOは連邦準備制度を監査する努力をした。監査チームは、銀行の門の前で、アーサー・バーンセグと名乗る人物に呼び止められた。彼は、監査チームを銀行内に入れることを拒否した。バーンズは当時、財務長官であった。言い換えれば、彼は公務員であったが、主人である民間の連邦準備銀行のために行動していたのである。

この記事を経済学、貨幣、通貨、銀行の専門的な内容の談話にしたくないので、簡単に説明することにする。連邦準備銀行の銀行システムの仕組みは、私たちの犠牲の上に、銀行が莫大な利益を上げることを可能にしています。それが実は、この運動の核心なのです。

事実を見れば、現在のシステムでカードが不利になっていることがわかるはずです。貨幣制度は高い。それは、お金を貸すこと、つまり、コミュニティが本当の富を生み出すために使うお金を貸すことにお金を請求する（高利貸し）。そのため、少数を利し、多数を罰するという極めて非効率的なものとなっています。要するに、明らかにお金がないところに不足を作り出すためのものです

。このため、社会問題は絶えず悪化し、この国は良い政府、社会正義、自由、適切に構成された社会秩序とは相容れないものとなっています。この中に、革命の種がある。革命は、政府が憲法の規定を停止する道を開くものである。もうすぐ「1984年」がやってくる。秩序の名の下に、私たちの市民的自由は停止されなければならないと言われるでしょう。私たちは、いかに罠にはまり、罠にはまる前に行動を起こさない限り、逃げ場がないかを容易に理解することができます。私たちが気づかなければならないのは、巧妙な手段で、（選挙で選ばれた代表者を通じて）私たち国民の不可侵の権利が破壊されていることだ。硬貨を廃止し、クレジットや小切手に置き換えることで、私たちはこのお金を発行する権利とその価値のコントロールを、信用を独占している銀行団に移しました。この移転の実質的な効果は、議会と大統領が表明した国民の意思を拒否する力を、不誠実な人々の手に委ねることであった。

完璧に近いクーデターがあるとすれば、これしかないでしょう。

そのため、責任の所在を明確にすることが難しいのです。これまで何度、不満を抱いた有権者が「大統領の経済政策がうまくいかなかったから、もう二度と投票しない」と誓ったことだろう。大統領の経済政策が軌道に乗ることはないのが実情である。

大統領はアメリカの経済的な運命をコントロールすることはできない。その特権は連邦準備制度に属している。国民、大統領は1913年にお金をコントロールする力を失い、それとともに私たちの集団運命のコントロールも失ってしまったのです。

さて、共謀者たちとジキル島での会合に話を戻すと、ポール・モルティス・ウォーバーグは、新しい中央銀行の名称を考え出した人物である。ウォーバーグは、アルド

リッチが法案の前文に自分の名前を出すと、それまでアルドリッチの中央銀行設立策を否定してきた議会の反対派に警戒される恐れがある、と言ったのである。ウォーバーグは、ドイツ帝国銀行の規定をこの措置の文言に取り入れること、すなわち、金利の完全なコントロールを連邦準備制度に委ねること、信用の収縮と拡大をコントロールすることを主張した。1930年代の恐慌を引き起こしたのは、この規定である。ウォーバーグは、米国の銀行システムには確信があると述べた。

「...旧世界の神聖な銀行原則のほとんど全てに暴力を振るったのだ」

ウォーバーグが勝利し、議会が淡々と署名したものは、ライヒスバンク憲法に酷似していた。ウィルソンは、ウォーバーグを連邦準備制度理事会の初代議長に任命し、反逆の輪を完成させた。ウォーバーグは、ウィルソンがウォーバーグの母国ドイツとの戦争にアメリカを引きずり込んだ後も、この地位に留まり続けた。これが「一つの世界、一つの政府」の陰謀の力である。彼らにとって他人の犠牲は大きすぎることはなく、達成不可能な目標はなく、彼らの策略から安全な人は誰もいない。政府や議会の代表者は、連邦準備制度に関する真実を世間に知らせようと、躍起になっていると思われるかもしれません。これ以上、真実から遠ざかることはない。アメリカの通貨法を密かに変更した罪は、国民から隠されている。これ以上の罪はないと私は思っています。歴史家プリニウスは、このような行為を「人道に対する罪」と呼んでいる。1913年の連邦準備法の真の意図と目的を国民に隠すことによって、議会とアメリカ銀行協会は人類に対する凶悪な犯罪を犯したのである。

アレクサンダー・ハミルトンは、ヨーロッパの中央銀行制度の手法を取り入れ、それをアメリカの銀行法に挿入することに票を投じ、中央銀行を禁止していたアメリカ

憲法の破壊に大きく貢献したのである。ハミルトンは、主人であるロスチャイルドの命令で、憲法起草者の意思を意図的に破壊し、憲法を迂回させたのである。ハミルトンはこの状況を変えることに協力し、その結果、人類が知る限り最大の銀行独占、すなわち連邦準備制度が誕生するための肥沃な土壌を提供したのである。

通貨制度が永久に不安定で不健全な状態から抜け出せないままでは、真に自由な国民になる望みはほとんどない。1800年代初頭、景気循環は全くなかった。今世紀末まで続いた金融政策の下では、景気循環は起こり得ないからだ。我々の」システムが今やっていることは、物価を上昇させ、実際にインフレの可能性を高める信用政策でデフレを抑え込もうとすることで、デフレを保証することである。

利子（利潤）は景気循環のもう一つの原因であり、我々の西洋経済は負債に基づいており、文明の破壊につながりかねない状況である。今日、アメリカでは、社会正義に関心を寄せているが、連邦準備制度が閉鎖され、国債が議会法によって廃止されない限り、社会正義を実現することはできないのである。次のような貨幣状況が続くと、国家の発展はおろか、どうして生き残ることができるのだろうか。その後に続くのは、議員たちが知っていながら何もしない、公然の陰謀である。

> ➤ 貨幣の発行とその価値のコントロールは、民衆に知られていない人物によって運営されている私的独占企業の手に委ねられているのだ。

> ➤ 国の最高行政官である大統領は、連邦準備制度に対して何の統制力もなく、議長の指名を除いては、その業務に介入するための意見も権限もない。

> ➤ 大統領のどんな経済政策も、連邦準備制度の民間銀行支配者たちによって阻止されたり、妨害さ

れたりすることがある。

➤　この銀行は、必要な資金のほとんどを政府からタダで得ている。しかし、政府が国民のためにお金を必要とするとき、そのお金を連邦準備銀行から利子（usury）で借り、利子付き債券という形で返済しなければならないのである。この債券は、完済しても決して引き出されることはない。これは巨大な詐欺だ。

➤　こうした不正取引の結果、国民はますます借金を増やしているのに、大統領は何もできず、国民の代表もそれを止めようとはしない。

➤　銀行家の専売特許で、自由にお金を作ることが許されている。台帳に書き込むだけで、無から有を生み出すのである。

➤　連邦準備制度に対して監査が行われることはない。

かつて、共和国創設者の一人であるジョン・アダムスはこう言った。

アメリカにおけるすべての当惑、混乱、苦悩は、連合国憲法の欠陥のためでも、名誉や美徳の欠如のためでもなく、貨幣、信用、流通の本質に対するまったくの無知によるものである。

これは間違いなく、最も正確な発言の一つである。*ソロモン記には、次のように書かれている。*

借り手は貸し手の下僕である。

私たちは、国家として、誇り高い国民として、貸し手である連邦準備銀行の単なる下僕となりました。使用人である私たちには、何のステータスもありません。だから、7月4日を祝う必要はないのです。

イエス・キリストは言った。

まことに、まことに、あなたがたに告ぐ、しもべはその主よりも大きくない。

➤ では、7月4日には何を祝うのでしょうか？

➤ 使用人としての立場？

➤ それとも、1913年に失った私たちの自由でしょうか？

➤ 私たちは金融の奴隷になり続けているのでしょうか？

さて、ここでいくつかの名言をご紹介しましょう。1つ目は、ウッドロウ・ウィルソン大統領の言葉である。彼は人生の終わりに、連邦準備法に署名したことを痛烈に後悔し、死の床でそのことを愚痴った。

> 大工業国は、その信用システムによって支配されている。私たちの信用システムは集中している。国の成長も、私たちの活動も、すべて一部の人間の手に委ねられているのです。もはや自由な意見の政府でもなく、信念と多数決による政府でもなく、支配的な人間の小集団の意見と強制による政府である。

そして、ウィルソンは死ぬ直前にこう言った。

"私は国を裏切った"

1920年代にイングランド銀行の総裁を務め、英国で2番目の富豪となったジョサイア・スタンプ卿。

> 銀行は咎に宿り、罪の中に生まれました。銀行家は地球を所有しています。お金を取り上げても、彼らに預金を作る力を残しておけば、一筆書きで地球を取り戻すのに十分な量の預金を作ることができるのです。しかし、この金を取り上げると、私のような大金持ちはすべて消えてしまう。この世から消えてしまえばいい。そうすれば、もっと幸せに、もっと楽しく暮らせるようになるのだから。しかし、銀行家の奴隷であり続

けたい、その代償を払いたいというのであれば、*銀行家に預金を作り続けさせておけばよいのです。*

ジョージア州アトランタにある連邦準備銀行システムの元信用担当者、ロバート・H・ヘンフィル氏（もちろん退任後の話である）。

商業銀行に完全に依存している、というのはすごい考えですね。現金やクレジットで流通しているドルは、誰かが借りなければならない。銀行が合成通貨をたくさん作れば、私たちは繁栄します。そうでなければ、私たちは飢えてしまう。永久通貨制度は絶対にないのです。大局的に見ると、私たちの絶望的な状況の悲劇的な不条理は、ほとんど信じられないことですが、そこにあるのです。もし、それが広く理解され、その欠陥が非常に早く修正されなければ、我々の現在の文明は崩壊しかねないほど、偉大なものである。

ルイス・T・マクファーデン議員

連邦準備銀行は、今や世界で最も腐敗した機関の一つである。

連邦準備制度は一般的な部類に入るが、その構成について簡単にまとめておこう。彼ら自身の出版物から引用させていただきます。

連邦準備制度は、総務会、連邦公開市場委員会、連邦諮問委員会、加盟銀行で構成されています。その機能は、貨幣、信用、銀行業務の分野です。連邦準備制度は1914年に組織された。

連邦準備制度の政策と決定に対する責任は、総務会、連邦公開市場委員会、連邦諮問委員会にある。

(ただし、その責任は大統領や議会にあるわけではありません。これらの銀行関係者の責任である）。

法律では、ある事柄は審議会、ある事柄は準備銀行、またある事柄は委員会が主な責任を負うことになって

いるが、実際には密接に連携して行動している。

したがって、3つのうちどの行為に責任があるのか、あるいはどの程度責任を分担しているのかを示す必要がない場合には、簡略化のため、「連邦準備制度局」という用語が頻繁に使用されています。連邦公開市場委員会は、総務会のメンバー7名と連邦準備銀行の代表者5名で構成されています。

委員会は、連邦準備銀行の公開市場操作、すなわち公開市場での米国政府証券およびその他の債券の購入と売却を指示する。これらの業務の目的は、国内の企業のニーズを満たすために十分な銀行の信用基盤を維持することです。

連邦諮問委員会は12名のメンバーで構成されており、そのうち1名は各連邦準備銀行が取締役会を通じて毎年選任しています。少なくとも年に4回、ワシントンで開催される。

一般的なビジネス状況について総務委員会と協議し、連邦準備制度の業務について提言を行う。その勧告は、純粋に助言的なものです。

私たちが選んだ下院と上院の代表者は、顔の見えない男たちが私たちの経済に対して行うことに何の影響力もコントロールも持っていないことに注意してください。

それは、他のどの部門よりも、この国を動かしている公開市場委員会である。これは、慎重に作られた見せかけのもので、その裏には公開市場口座を運営する男がいて、そのために株式市場の上昇と下落を知ることができ、それを計画するからである。

かつて、ライト・パットマン議員が言ったように。

公開市場委員会の委員長は、株式市場の下落や上昇を事前にすべて把握しており、一晩で何百万ドルも稼ぐ方法を他人にアドバイスすることができる。

> 一部の人々が利子を上げ、債券を下げ、我が国の通貨制度を操作して、生活のために働く誠実な人々よりも投機家がより豊かに、より良くなるようにしているという事実に、我々は終止符を打つべきである。これが、公開市場委員会の真の機能であり、誰の目にも明らかなのだ。

また、トーマス・A・エジソン氏の言葉を引用して、次のように述べたい。

> このプロジェクト（マッスルショールズ・ダムのこと）では、一片の土もひっくり返さず、1ポンドの資材も提供しない人々が、すべての資材を提供しすべての作業を行う人々よりも多くの金をアメリカから徴収することになるのです。それが利息の恐ろしいところです。

> しかし、ここで肝心なのは、国がドル債を発行できるのであれば、ドル紙幣も発行できるということだ。債券を有効にしている要素は、ノートも同様に有効です。

> 債券と紙幣の違いは、憲法に規定された正直な貢ぎ物である通貨の価値が購買力を低下させ続ける一方で、債券は金商に債券額の2倍とさらに20％を徴収させることができることである。

> 我が国は国債を発行できて、お金を発行できないというのは無茶な話だ。どちらも支払いの約束ですが、一方は使用者を太らせ、もう一方は人民を助けるものです。国民が発行した貨幣がダメなら、国債もダメでしょう。政府が国富を確保するために借金をし、金の架空の価値を支配する人たちの手で破滅的な利子に服さなければならないというのは、恐ろしい状況である。利息はサタンの発明品です。

もちろん、聖書やコーランなどは、利権という認識には絶対反対であることは周知の事実ですが、私たちはこれ

らすべてから逸脱し、今日のような混乱に陥ってしまったのです。今残っているのは、連邦準備制度の詐欺がなければ、すべての人に自由と正義がある、想像を絶する世界最強の国になっていたであろう国の抜け殻だ。私達は奴隷です。これから日夜、連邦準備銀行制度を廃止させ、奴隷制度を終わらせることを議会に強制しなければなりません。連邦準備銀行の本当の所有者は誰なのか？法人化しているのだから、株主名簿を入手するのは比較的容易なはずだが、私の知る限りでは、まだ誰もその情報を入手できていない。

この継続的な詐欺行為はどのように行われているのでしょうか？政府の力とコンピュータ技術の進歩が相まって、国内、ひいては国際的なお金の流れを管理する作業は大幅に簡素化された。政治的には、第二次世界大戦でのアメリカの勝利によって、西側諸国とその従属国全体が、1944年のブレトンウッズ会議で取り決められた国際通貨基金（IMF）に協力することになったのである。それから45年後、1989年のソ連邦の崩壊は、歴史上初めて、国際舞台で他の通貨や政治の選択ができなくなったことを意味した。大英帝国がアメリカに降伏したのは、まさにアメリカがポンドに代わるドルという通貨を提供したからである。

米国は、ドルを中心とした多かれ少なかれ完全に閉じた世界通貨システムを主宰している。実際には、このシステムに参加している国々は、本物のドルではなく、空中から作り出された簿記項目に過ぎないドルと呼ばれる連邦準備銀行の紙幣と引き換えに、製造品や商品という形で、アメリカのカルテルと実際の価値を交換しなければならないということだ。資産のない会社が価値のない株を現金と交換するようなもので、決して偶然の産物ではありません。19世紀のJ.P.モルガン一族が、アメリカの産業と金融の統合を成功させるために好んで使った手法である。そして今、その後継者たちが、同じようなことを

、しかも地球規模で忙しくやっている。

技術の急速な進歩により、銀行セクターでは創造的な経営の可能性がなくなっている。その演算能力により、反復計算のコストはほぼゼロになった。これにより、株式や債券などの金融商品を構成要素に分解することに他ならないデリバティブという新しい分野が業界に誕生し、連邦準備制度理事会と議会の全面的な協力により、銀行はポートフォリオやデリバティブ活動を自己規制するだけでなく、他の銀行がデリバティブを利用してリスクを「コントロール」することを強制する規則を採用することができるようになり、銀行の力は3倍になりました。これは、実際には、銀行の最も収益性の高い活動がオフバランス化され、その活動に高いレベルの秘密が存在することを意味します。また、他の銀行がデリバティブを購入する際に頼らなければならない最大手の銀行には、かなりの利点がある。バーゼル金
融協定は、他国の金融機関に協調を強いるものであるが、実際には、金融機関は服従するか倒産するかのどちらかであった。

銀行の手口は、産業界でコピーされ、洗練されてきた。エンロンは、石油や天然ガスの生産と輸送に従事する工業会社であったが、オフバランスの巨大なデリバティブ取引ビジネスによって、高度にレバレッジされた金融事業へと変貌を遂げたことがその典型例である。議員を買収し、監査法人に賄賂を贈るという、昔からある手法で規制の目を逃れてきたのだ。このため、規制対象外のデリバティブ・ポートフォリオを構成するオプション、スワップ、先物契約に組み込まれた将来の金利に関する仮定を変更するだけで、事実上、自由に収益を調整できるようになった。

エンロンはまた、公的部門と民間部門の区別がますます曖昧になることを示すモデルでもある。最大で20人のCIA

エージェントを雇っていた。

その幹部の一人であるトーマス・ホワイトは、エンロン社に入社する前は陸軍大将で、その後エンロン社を辞めて軍の参謀になった。エンロンの幹部は、リチャード・チェイニー副大統領のエネルギー対策委員会と密接に関係していた。エンロンは、カルテルのために「国家安全保障」のために採用されたマネーロンダリング以外の何ものでもないという結論は避けがたい。米国は費用のかかる世界的な軍事的冒険に乗り出したが、その結果はまったく予断を許さない。

50年以上にわたるほぼ継続的な公然・秘密戦の集大成である。それは、歴史上最も洗練された資金調達装置によって支えられており、表向きと裏向きのさまざまな活動によって生み出された現金を動員することが可能である。その代償として、米国経済そのものが徐々に空洞化し、市民の自由と法の支配が徐々に損なわれてきた。黒字予算は原因ではなく、手段である。

第14章

自由貿易の陰謀

かつて超大国であった米国は、「新世界経済」症候群に悩まされるまでは、2年に1隻の潜水艦、5年に1隻の空母を建造するのがやっとの生産力を失っていた。それなのに、どうして「世界唯一の超大国」と言えるのだろうか。1998年に*アメリカの造船専門誌*が、今後5年間で船舶の部品やシステムの製造の多くが中国に移行すると発表したが、これは非常に正確であることが証明された。

"心配する必要はない
"と自由市場経済の専門家は言っている。「造船業は、米国のナノテクノロジー経済にとって、ない方がよい旧来の製造業のひとつに過ぎない」。残念ながら、*Manufacturing & Technology News*（2006年7月8日）によると、すでに多くの製造能力が失われ、米国のナノテク能力はパイロットスケールの少量生産にほぼ限られており、それさえも驚くべき速さで失われつつあるという。

中国やロシアに戦争の道具を造ってもらわなければならない日もそう遠くはないだろう。ラックス・リサーチ社のマシュー・ノーダン氏は、下院科学小委員会での証言で、米国のナノテクノロジーのアイデアはすべて「他の海岸の製造工場で実施される」可能性が高いと述べている。Nordanは、ナノテクノロジー材料のいくつかの分野では、「製造列車はすでに駅を出発している」と述べた。

米国は、ナノテクノロジーのアイデアの創出において遅れをとっている可能性すらある。2006年、中国はナノテクノロジー研究において14%の成果を上げ、世界をリードしています。韓国や台湾でさえ、国民一人当たりのナノテクノロジー研究開発費は米国より多い。かつて世界最大の工作機械メーカーであった米国は、現在、小さなスイスに次ぐ17位（　　　）である。Nano Business Allianceのエグゼクティブディレクターである Sean Murdock 氏は、米国議会の小委員会で、米国はアイデアだけでは生きていけないと証言し、次のように述べた。

> 「知的財産も結構だが、製品の価値をトータルで考えると、顧客に最も近いところにいる人たち、つまり実際に製品を作っている人たちに、その価値のほとんどが行く傾向がある。"

ウィルソンがホワイトハウスに入ったとき、常識は窓から消えてしまった。ウィルソンがまず行ったのは、上下両院合同会議を招集し、中産階級のための単一市場を提供してきた関税保護を批判し、異議を唱えることであった。

製造プロセスにおいて知的財産が重要であるのと同様に、新しい原理を製造し、取引可能な有形商品に変換する能力が違いを生むのです。アイデアを製品化する能力がなければ、経済的な利益のほとんどを得ることができず、その結果、新しいアイデアを考える能力（創造力）も枯渇してしまう。製造技術や知識がなければ、有望なナノテクノロジー・イノベーションを見抜くことは困難です。つまり、先史時代の人間に狩猟用の銃の作り方を教えても、彼の状況は変わらない。

過去20年間、私はアメリカの中産階級の衰退を指摘してきた。アダム・スミスがイギリスの商品を植民地に一方通行で売りつけようとして以来、自由貿易が繁栄してきた条件は、このようなところにある。中国など、かつて

「低開発国」と呼ばれた国々に行った、習得した知識に基づく生産機能。比較優位が働くために必要ないわゆる独自性の欠如と、資本と技術の国際的な流動性によって、これらの生産要素は、熟練した、規律正しい、低コストの労働力に絶対的な優位性を海外に求めることができるのである。実際、何度も言っているように、自由貿易は嘘であり、東インド会社のアダム・スミスがアメリカの新しい植民地にそれを押し付けようとしたときから、ずっと嘘だったのである。自由貿易は、アメリカを偉大にしたユニークな中産階級を破壊した。中産階級は急速に消滅している概念である。

こうして、米国の貿易障壁が撤廃され、高速インターネットが導入されると、第一世界の生活水準は、もはや資本と技術の独自の蓄積によって守られてはいないのである。このような状況の変化により、米国企業は、現在インドや中国に存在するような大規模な外国人労働力の余剰プールの従業員を、より低いコストで高賃金の米国従業員の代わりに使うことができるようになったのである。人件費の差は浸透しています。この違いが重要でないと言う人は、事実を知らないのです。アメリカの家庭は、極東やインドの多くの家庭と同じように、月200ドルで生活できるのだろうか？

しかし、インド、中国、フィリピンが米国企業の選択肢となる30年以上前の1972年に私が指摘したように、米国は税制面でも非常に不利な立場にあるのだ。税制上の理由から、米国は人件費が高い。

US   Producers Council連合は、最近、連邦税制改革に関する大統領諮問委員会にこの問題を提示した。他のすべてのOECD加盟国や中国を含む米国の主要貿易相手国は、米国への輸出品には減税し、米国からの輸入品には課税する国境調整税に依存している。

この差別は、米国の税制によって強化されている。米国内で販売される外国の財やサービスには大した税負担を課さないが、米国内で販売されるか他国に輸出されるかにかかわらず、財やサービスの米国生産者には重い税負担を課しているのである。

解決策は、所得税を捨て、付加価値税や売上税、あるいは関税や輸出控除税に置き換えることである。しかし、アメリカ政府の新世界秩序提唱者は、アメリカ人の生活水準をもっと低い水準に下げるためにあらゆる手を尽くしており、それは許されそうにない。

建国の父たちは、アメリカの所得を関税でまかなった。また、関税は、安価な外国製品との競争から自国製品を保護し、産業の発展に貢献した。ジョージ・ワシントンは、「アメリカの製造業」を保護するために関税を維持するべきだと宣言した。しかし、そこに国際社会主義者のウィルソン大統領が現れ、まず上下両院合同会議を招集し、ホワイトハウスに昇格するまで見事に機能してきた関税制度を破壊するという目標を明らかにしたのである。

ウィルソン大統領時代の耐え難い苦い果実は、今日もなお現役である。その一例が、3月から4月にかけてのペットフード問題で、これが人間に波及して深刻な事態を招いた。2007年4月29日付の*シカゴ・トリビューン紙*は、この危機を長文で報道している。

> "カリフォルニア州当局は、汚染が食物連鎖に入り込んでいたことを明らかにした。約45人の州民が、中国産のメラミンを含む飼料を食べた豚の肉を食べた。メラミンはプラスチックの原料として使われますが、食品に使われるグルテンに含まれるタンパク質の量を人工的に増やし、その結果、価格が上がってしまうのです。すでにペットの命取りになっていた...キャットフード57ブランド、ドッグフード83ブランドがリコール

された。さらに、汚染された飼料を食べた豚6,000頭を処分しなければならなかった。メラミンの人体への影響は少ないと考えられているが、本当のところは誰にもわからない。不良小麦グルテンの輸入業者であるケムナトラ社（ラスベガス）は、中国の製造業者が測定可能なタンパク質含有量を増やすためにグルテンに不正にメラミンを添加し、その結果出荷価格が上がったと主張している。"

このような開発をFDA（食品医薬品局）が引き受けると考えた人は、もちろん大間違いである。しかし、FDA[9]は声明の中で、同庁の食品安全センターに対する「食品安全資金」が2003年の4800万ドルから2006年には約3000万ドルに減少していると述べている。

センターの正規雇用は、2003年の950人から2006年には820人に減少しました。小麦グルテンが汚染されるケースが増える一方で、FDAは別の問題、つまり中国産の米タンパクの存在を知ったのだ。第一報では、この玩具に鉛の塗料が含まれていたことが判明し、大規模な回収が行われました。

ウィルソンと社会主義者の顧問、特にフェビアン協会（今日の新ボルシェビキの先祖で、「新保守主義者」という矛盾した言葉でも知られている）のメンバーは、関税は金持ちの製造業者に利益をもたらす一方で、貧しい人々をひどく苦しめると偽り、建国の父たちの関税制度をひっくり返したのだ。

所得税は、税負担をより公平に分配し、所得分配の平等性を高める道とされた。ウィルソンとその指導者たちは、これがマルクス主義の教義であることを議会に告げなかった。その後、関税制度を覆し、アメリカ独自の中産

---

[9]米国食品医薬品局（FDA

階級を農奴制に引き入れるという、長い政治思想的闘争が続いたのである。

今日、所得の分配はかつてないほど不平等になっています。親愛なる読者の皆さん、自分が農奴でないと思うなら、自分の労働の産物を自分の財産として主張し、固定資産税の支払いを拒否したらどうなるか見てみましょう。崖から飛び降りる前に、優良な引越し業者との契約、別の宿泊先、パラシュートを用意しておくようにしましょう。必要なのは、歳入を増やすための関税制度への即時復帰であり、早ければ早いほどよい。主権者の中に「勇敢な心」はあるのだろうか。

連邦準備銀行の設立は、300人委員会のアメリカに対する支配が強化されたことを意味します。それはアメリカの外交政策に従い、アメリカが20世紀に行った戦争（1898年の米西戦争や現在のいわゆる対テロ戦争など）は、カルテルの世界経済に対する支配を拡大することに成功したのである。米国で中央銀行がうまく設立されなければ、1912年以降に行われた戦争を行うことは不可能であっただろう。

フランクリン・D・ルーズベルトは、自分の遺産は大恐慌を終わらせた貧しい人々の擁護者でありたいと、政界の仲間に語っていた。ルーズベルトは、社会保障制度を作ったのは自分の手柄であり、それを国民の利益と言いくるめた。しかし、その財源をどうするか、つまり受益者への逆進性の高い税金で賄うことを、大多数のアメリカ人に伝えなかったのだ。

ESFの設立は、1914年の連邦準備制度の設立と同じ理屈である。後者の連邦準備制度も、1907年の大暴落という危機に対応して作られたものである。ウォール街の伝説的人物、J.P.モルガンの天才と愛国心が国を救った。実際には、この暴落と不況によって、モルガンは競合他社をつぶし、その資産を買い占め、その過程で、銀行とモルガ

ンがいかに強力であったかを国家と世界に明らかにすることができた。しかし、すべての人がこれを歓迎したわけではない。中には、連邦政府の信用と国家通貨制度を国民の監視と統制のもとに置くための立法措置を要求する人もいた。

見事な政治的見せかけのキャンペーンで、連邦準備制度は1912年、まさにそれを行うために議会法によって創設されたのである。しかし、銀行が所有する民間企業として設立することで、議会は事実上、それまで以上に強い立場を銀行に譲り渡すことになった。

今日でさえ、連邦準備制度が、名目上規制している利害関係者によって所有されている私企業であることは、あまり理解されていない。このように、連邦政府の信用と米国の通貨システムのコントロール、およびその結果もたらされる豊富なインサイダー情報の流れは、公の場から隠され、秘密裏にコントロールされており、それがむしろ連邦大統領の奢りを説明することになる。

麻薬の取引物理的な奴隷制

麻薬取引と株式市場に正の関係があると考えるのは奇妙に思えるかもしれないが、考えてみてほしい。1990年代後半、米国司法省は、この取引から米国の銀行システムに入る収入は年間5000億ドルから1兆ドル、つまりGDPの5〜10%以上に相当すると推定しているのだ。

犯罪で得た収益は、合法的な経路をたどらなければ、持ち主にとって何の価値もない。しかし、麻薬の売買が地域社会や経済に与える影響については、ほとんど研究されていません。不動産市場や金融サービスへの影響を考慮する。不動産業は、マネーロンダリングに関する規制が全くないため、麻薬販売で得た余剰資金を利用するには魅力的な業種である。現金は身近な決済手段であるた

め、大金を簡単に処分することができる。これは、地域の需要に大きな歪みをもたらし、その結果、不動産投機とその資金調達のための信用需要の増加を促進し、投機や詐欺の機会も多くなります。

政府の力と情報技術の進歩が相まって、過去30年の間に国内、ひいては国際的な金融の流れの管理を簡素化することが可能になったのだ。

政治的には、第二次世界大戦でのアメリカの勝利は、1944年にブレトン・ウッズで交渉された国際通貨基金（IMF）に、欧米全体とその従属国が取り込まれることを意味した。それから45年後、1989年のソ連邦の崩壊は、歴史上初めて、国際舞台で他の通貨や政治の選択ができなくなったことを意味した。大英帝国がアメリカに降伏したのは、まさにアメリカがポンドに代わるドルという通貨を提供したからである。

現在、米国はドルを基軸とする多かれ少なかれ完全に閉じた世界通貨システムを主宰している。実際、このシステム内の国々は、石油やガスなどの天然資源、製造品、商品などの実質的な価値を、何もないところから作り出された帳簿上の項目に過ぎないドルと交換する必要がある。これは、資産のない会社が希薄化した株式を現金と交換することに例えられ、決して偶然の産物ではありません。19世紀のJ.P.モルガン王朝（）が、アメリカの産業と金融の統合のための資金調達に成功した好みの手法である。

そして今、その後継者たちが、同じようなことを、しかも地球規模で忙しくやっている。そしてそれは、陰謀という段階を越えて、すべてオープンに行われているのです。米国は、そのユニークな財政的コントロールのおかげで、結果の定かでない高価な世界的軍事冒険に乗り出すことができる。

これは、50年以上に及ぶ継続的な表と裏の戦いの集大成である。それは、歴史上最も洗練された金融装置によって支えられており、表向きと裏向きのさまざまな活動によって生み出された流動性を動員することができる。その代償として、米国経済そのものが徐々に空洞化し、市民の自由と法の支配が徐々に損なわれてきた。また、この共和国の終焉を意味する。

第15章

目的達成のための手段

強大で万能な300人委員会に仕えるプランナーやプロッターは誰なのか？最も情報通の市民は、陰謀が存在し、それが多くの名前で呼ばれていることを知っている。一般に認識されていないのは、よく組織された300人委員会が、MI6のエージェントであるH.G.ウェルズが言うところの「公開陰謀」段階に移行しているということである。陰謀の目的は達成されたとも言える。世界は今、私が*「陰謀の彼方」*と呼ぶ次のステージにいるのです。

次のステップを実行できるのは、アメリカ国民が深いショック状態にあり、長距離の浸透と国内の条件付けによってうまくコントロールされ、わずか10年前には受け入れられなかったようなことも今では受け入れているからである。その結果、共謀者たちは自分たちが表に出てこられると思うようになった。もう隠れる必要はないのです。国民は洗脳され、条件付けされているので、陰謀全体が「陰謀」であるとはほとんど思われていない。

2007年の今日、アメリカ大統領のような重要な人物が、新しい世界秩序の到来を公然と宣言しているのだから、まさに公然の陰謀である。

この新世界秩序は、国際共産主義の修正版であり、世界を新しい暗黒時代に突入させる残忍で野蛮な独裁体制である。1982年に私が初めてアメリカで発表した「ダビニョン計画」は、今、満開の花を咲かせている。アメリカは、現代版封建社会への転換の半分を終えたところであ

る。

鉄鋼業もダメ、工作機械もダメ。靴メーカー、衣料品メーカー、軽工業機器メーカー、電子産業など、当社の製造事業体は海外に輸出されています。アメリカの家族経営の農場は、Archer Daniels Midland、Nestlé、Bunge Corporationといった「300人」の手にかかると、食糧統制のために失われてしまう。アメリカ国民は、いざとなれば簡単に飢え死にさせることができるようになった。この全体主義国家、すなわち「一つの世界政府」の中の「新世界秩序」を確立するキャンペーンのリーダーは、急速にアメリカ合衆国になってきている。

2005年11月、米国は歴史上最も大規模な貿易不均衡に陥った。かつてアメリカで作られていたものの85%もが、今では外国で作られ、アメリカに輸入されています。最新の統計では、フォード・モーターズが3万人、ゼネラル・モーターズが同数の雇用を削減することになっている。これらの仕事は失われつつあります。これらは一時的な解雇ではなく、消えて二度と戻ってこない仕事です。アメリカの人々は、製造業の雇用が記録的に失われていることが、18
世紀にイギリスの東インド会社が推進した「自由貿易」の神話に直接関係していることを見ることができないほど、条件付けされてしまっているのだ。

キリスト教の聖書にある預言者ホセアの深い言葉を引用します。

> *我が民は知識の欠如のために滅びる*"(本当は「情報」なんですけどね)。

海外援助のスキャンダルについて、私が発表したプレゼンテーションの中で、陰謀を企てる組織をいくつか挙げたので、すでに多くの人が読んでおり、このテーマは本書から除外できると考えている。

彼らの究極の目標は、合衆国憲法を転覆させ、神によっ
て「神の国」として選ばれたこの国を、神のいない新世
界秩序、すなわちワンワールド政府と合併させ、世界を
暗黒時代よりもはるかに悪い封建的状況に戻すことであ
る。

具体的な事例として、イタリアのコミューン化、脱工業
化の試みについてお話ししましょう。300人委員会は、ず
っと以前に、より小さい-ずっと小さい-
より良い世界が存在することを宣言した、つまり、より
良い世界を構成するものについての彼らの考えである。
バートランド・ラッセル（Bertrand
Russell）が「無駄飯食い」と呼んだ、限られた天然資源
を消費する無数の人々が淘汰されつつあるのである。産
業の進歩が人口増加を支えている。したがって、創世記
にある「地を増し、従わせよ」という戒めを、唯一の安
定した長期雇用の源泉である産業用雇用市場を破壊する
ことによって覆さなければならないのだ。そのためには
、キリスト教に対する正面からの攻撃、工業国の国家の
ゆっくりではあるが確実な崩壊、300人委員会が「余剰人
口」として指定した数億人の人々の破壊、そして上記の
目標を達成するための委員会の世界的計画に反対する勇
気のある指導者の排除が必要である。

委員会の最初の対象は、アルゼンチン、イタリア、パキ
スタンの3カ国であった。南アフリカ、パレスチナ、セル
ビア、イラクなど、多くの国民国家が一掃されることに
なった。国民国家は、特に工業化を目指している場合は
、その意欲をそぎ、解体を加速させなければならない。

新世界秩序の陰謀の規模と広がりを知るためには、この
時点で、世界征服と支配のために300人委員会が設定した
目的を述べることが適切である。このことを理解すれば
、中央の陰謀組織がいかにうまく運営できるか、そして
なぜ地球上のどの勢力も、個人の自由、特に合衆国憲法

で宣言されているような個人の自由に基づいた文明世界の基礎に対する彼らの攻撃に抵抗できないかがわかるだろう。

> ➤ 300人委員会はどのようにして誕生したのですか？

> ➤ その莫大な富と権力の源泉は何なのか。

> ➤ 委員会は、どのようにして世界、特に米英に対する支配力を維持しているのだろうか。

> ➤ よくある質問のひとつに、「単一の事業体が、いつでも何が起こっているかを知ることができるのか、また、どのようにコントロールを行使しているのか」というものがあります。"

300人委員会」の幹部であるアウレリオ・ペッチェイ氏の次の発言は、「300人」の由来を理解するのに役立つ。

> *キリスト教の最初の千年紀が始まって以来初めて、大勢の人々が、自分たちの運命を完全に変えてしまうような未知の何かの出現が差し迫っていることに、本当に不安を感じている...人間は、真の意味で近代人になる方法を知らないのだ。人間は邪悪な竜の物語を作り出したが、もし邪悪な竜がいるとすれば、それは人間自身である...ここには人間のパラドックスがある。力を使えば使うほど、その力が必要になってくる。*

> *私たちは、現在の人間システム全体の深刻な病的状態や不適応を、循環的な危機や過ぎ去った状況と同一視することがいかに愚かなことであるかを、飽きることなく繰り返さなければならない。*

> *人類が新技術というパンドラの箱を開けて以来、制御不能な人類の拡散、成長マニア、エネルギー危機、実際または潜在的な資源不足と環境悪化、核の狂気、その他多くの関連する苦悩に見舞われている。*

新世界秩序」という言葉は、新参者には1991年の湾岸戦

争以降に発展したものと思われているが、一方、一つの世界政府という考え方は何世紀も前からあったものと認識されている。実は、1600年にエリザベス1世によって株式会社として設立された東インド会社（BEIC）に起源があるのです。1661年、チャールズ2世（スチュアート王）は、国家間の戦争と平和を締結する権利などを認めた会社に王室の同意を与えた。

これによってBEICは、インドの王子たちがベナレスやガンジス川流域で行っていた儲かるアヘン貿易を含め、インドを完全に支配することができたのである。1830年には、インド全土がイギリス東インド会社（BEIC）の支配下に置かれることになった。ここに新世界秩序の種が眠っている。

新世界秩序は新しいものではなく、非常に長い間、何らかの形で存在し、発展してきたものである。その「父」はロンドン・マーサー・カンパニー、「祖父」はロンドン・ステープラーズであり、その起源はドイツ・ベルギーのハンザ同盟からインドに遡ることができる。このような背景から、東インド会社の役員にはアナバプティスト共産主義者がおり、その多くはイギリスに移住していた。

植民地時代には、多くの著名なアナバプティストがイギリスからアメリカに移住してきた。これらの多様な派閥やカルトは、権威主義的な新世界秩序の確立という共通の目標を抱いていたのである。しかし、2007年の今日でも、それは未来の展開と見なされている。そうではなく、新世界秩序は過去であり現在なのだ。委員会の各機関の将来計画は、「300人」の主唱者の一人であるバートランド・ラッセル卿の言葉を借りれば、25億人の「無駄飯食い」を駆逐する必要性に基づいていたのである。天然資源は、世界的な計画のもとに分配されることになった。国家はローマクラブの支配を受け入れるか、弱肉強食

の中で生き残るか、どちらかである。

エリート秘密謀議者たちの目的とは？このエリート集団は、自分たちがオリンポスの伝説の神々と同等の力と身分を有すると心から信じているため、自らをオリンピアンと呼んでいます。彼らの神であるルシファーのように、彼らは真の神の上に自分たちを置き、神の権利によって次のことを実行する責任があると信じているのです。

> 彼らの指導の下、統一された教会と通貨制度、すべての国家のアイデンティティーと国境を持つ、一つの世界政府-新世界秩序-
> を設立し、キリスト教の宗教の破壊をもたらす。

> マインドコントロールによってすべての人を支配する能力を確立し、すべての工業化と原子力発電を廃止して、彼らが「ポスト工業化ゼロ成長社会」と呼ぶ社会を実現する。

> コンピュータおよびサービス業は免除されます。残ったアメリカの産業は、メキシコや極東のような奴隷労働が豊富な国々に輸出される。1993年に見たように、これはNAFTAと呼ばれる北米自由貿易協定が採択されたことで事実となった。自由貿易がこれからの常識になるはずだった。

> 委員会が有益と判断したものを除き、すべての科学的発展を抑制する。特に平和目的の原子力は対象としています。

> 世界の経済が崩壊し、完全な政治的混乱が確立されること。米国のすべての外交・内政を掌握し、国連、国際通貨基金、国際決済銀行、世界裁判所などの超国家機関を全面的に支援し、米国憲法に取って代わり、それを弱体化させた上で、完全に廃絶する。

> テロに対する防波堤として「民主主義」を広める

という名目で、すべての政府に浸透し、破壊し、政府内で活動し、代表する国家の主権を破壊することです。

➤ 世界的なテロ組織を組織し、テロ活動が行われる場所では合法的な政府と交渉して降伏させ、アメリカがこれらの国に恒久的な軍事基地を設置することを可能にする。

➤ カリキュラムや教授法の「進歩的変化」を通じて、アメリカの教育を完全に破壊する意図と目的を持って、アメリカの教育を支配すること。1993年までに、この政策の力と効果は明らかになりつつあり、小中学校が「成果主義教育」（OBE）を教え始めると、さらに破壊的なものになるだろう。

平均的なアメリカ人は、せいぜい学校で、アメリカには250年の歴史があることを知っている程度で、それもごくわずかな意味であり、詳細もわかっていない。憲法に関する知識は最低限。一見無関係に見える歴史の事件や「事故」が、実は密接に関連し、隠された力によって構想され、もたらされたことに全く気づいていない。2つのメーソンロッジが扇動したフランス革命、ロスチャイルド家が支配するナポレオンの台頭とナポレオン戦争、残忍で野蛮な第一次世界大戦の「事故」、慎重に計画されたボルシェビキ革命と共産主義の台頭などだ。これは、彼が学校で教わった、これらは無関係な出来事であるという歴史とは関係がないのだ。アメリカを含む世界史の大事件は、どこからともなく、まるで魔法のように突然現れると教えられたのだ。このような地球を揺るがすような出来事は、あらかじめ定められた目的を達成するために、精密に創造され、流され、操作されたものだと教えられたことは一度もない。大陰謀は、彼には一度も明かされたことがなく、もし少しでも言及されれば、クラッカーたちの思考と揶揄される。

管理された教育では、そのような研究はできない。タブーなんです。契約法の本質が不明なのである。特に「条約」と呼ばれる政治的な契約は、「この国の法律である」と言われる。そうではないことを理解している弁護士はほとんどいませんから、私たちアメリカ人は、出来事は単に真空から起こるものだと信じています。

もし、彼が大英博物館という偉大な知の宝庫に入り、1890年代後半以降の英米の大新聞、ニューヨークタイムズ、ロンドンタイムズ、テレグラフ、さらに1900年代のパンチ、ニューヨーカー誌のバックナンバーを研究するつもりで2年間読書する特権を持っていたら、2005年のニューヨークタイムズ、ワシントンポスト、ロンドンタイムスとほとんど同じ政治フォーマットを前にして呆気にとられるにちがいない。

彼は、先ほどバックナンバーで読んだのと同じ決まり文句が、共産主義、新世界秩序、一つの世界政府というメッセージを説きながら、デザインも文脈も驚くほど似ていることに気づいて、さらにショックを受けることになるのだ。

言葉は少し違うし、個性も年々変化しているが、プロパガンダの内容や方向性は同じである。目を閉じて、手にした1910年の新聞を振り返れば、驚くほど、はっきりと、2007年のニュースに似ていることがわかるだろう。そして、その意図と目的は、新世界秩序のシステムとして、まず社会主義、次に共産主義を確立することであるという結論に至らざるを得なくなるのである。このような紛れもない一貫性があるためには、ある高位の個人とその団体が世界の出来事と自分の国であるアメリカ合衆国の出来事をコントロールしているに違いないという高い確信が必要である。さらにイギリスの植民地時代の歴史を紐解くと、イギリス東インド会社というエリート権力集団が、驚くほど多くの政治的大事件を引き起こしたと

いう事実にも出会うだろう。

州憲法と連邦憲法の無効化を目指し、米国に社会主義を確立する。

イギリス東インド会社が管理した驚くべき出来事のひとつに、政治体制としての社会主義の確立がある。東インド会社の産物の1つが、ロンドンのフェビアン（社会主義者）協会である。ベアトリス・ウェブとシドニー・ウェブ、アニー・ベサント、G・D・H・コール、ラムゼイ・マクドナルド、バートランド・ラッセル、H・G・ウェルズ、トーマス・デイビッドソン、ヘンリー・ジョージ（母はフィラデルフィアの自由主義アメリカの名門プラット家に属していた）らの指導者は、その地位を「会社」に負っていたのである。プラット家は、東インド会社のインドとの「貿易」に深く関わり、ロックフェラー・スタンダード・オイル帝国に相当する権益を持っていた。

ベアトリスとシドニー・ウェブは、1895年にロンドン・スクール・オブ・エコノミクスを設立し、英米の政治、ビジネス、政府における最も重要な人物の何人かがこの学校を卒業している。著名な卒業生には、元全米共和党クラブ会長、ロックフェラー・スタンダード・オイル社会長、英国東インド会社から分離独立した悪名高い太平洋関係研究所（IPR）の主要出資者、1941年12月7日の日本の真珠湾攻撃に出資した300人委員会のデビッド・ロックフェラーなどがいる。また、ジョージ・ハーバート・ウォーカー・ブッシュやジョン・F・ケネディの師匠でもある。

この会社の支配的なパートナーであるベアトリス・ウェブが面白い。オカルトに造詣の深い鉄道王リチャード・ポッターの三女の一人で、父の家に住んでいた彼女は、シドニー・ウェブと出会う。姉のテレサはラムジー・

マクドナルドの労働党政権のサー・アルフレッド・クリップスと結婚し、三女のジョージナは東インド会社所属の銀行家ダニエル・マイネルツハーゲンと結婚した。

リチャード・ポッターはオカルトの理論と実践に深く傾倒しており、最近「どこからともなく現れて」大成功した子供向け魔法使い小説『ハリー・ポッター』の中心人物だと考えられているが、現在ではリチャード・ポッターの物語の一つをタヴィストック研究所が作り直し、ジョアンKに与えたものだと分かっている。ローリングが「書く」こと。

1991年に初めて挙げたその目的の多くは、その後達成され、あるいは達成されつつある。マルサスは、イギリスの聖職者の息子で、300人委員会のモデルとなったイギリス東インド会社（BEIC）によって一躍有名になった人物である)の教えに基づいている。

新世界秩序の起源：東インド会社とその後継者であるイギリス東インド会社。

東インド会社（EIC）は、チューダー王朝最後の君主であるエリザベス1世の晩年、1606年に設立された。その部下をインドに派遣し、ムガール人や王子たち、その商人や銀行家たちとの貿易を追求し、ベネチアのレバノン会社の後を継いで良好な関係を築いた。彼女は、ロンドンのボロ屋組合とその子孫であるロンドン・マーサーズ・カンパニーからなる一種の「王家」であるパワーエリートの家長であった。こうした「王家」の商業独占ギルドは、ベネチアやジェノバでは、黒人の貴族である旧銀行家の中に根付いていた。

1661年、スチュアート家のチャールズ2世は、東インド会社に、戦争、和平条約、インドの銀行家や商業界のエリートとの同盟を可能にする広範囲な勅許を与えた。

東インド会社の活動によってムガル帝国が崩壊したかどうかは定かではないが、歴史家は、1700年の帝国の終焉を防ぐために何もしなかったと推測している。EICがインド亜大陸のほぼ全土を制圧するのに130年かかった。この間、会社は分裂、分割を経て、連合東インド会社、英国東インド会社（BEIC）として統合された。

東インドが銀行家から学んだ最も重要な教訓の1つは、欧米で実践されることになるフラクショナル・リザーブ・バンキングの概念であった。1625年にイギリスに導入された。インド人は、インドの銀行業の秘密にアクセスし、インドで何世紀にもわたって機能してきたシステムの全容をロンドンに送り返し、バビロニア人がそれを模倣したことを知ることができたのです。

有力企業の台頭と並行して、チャーチル、ラッセル、モンタギュー、ベンサム、トーマス・パピヨン、ベッドフォードなどの「300」家が台頭してきたのである。アメリカでは、デラノ、メロン、ハンディサイド・パーキンス、ラッセル、コリン・キャンベルといった一族が、EICとそのインドからのアヘン取引で栄華を極めた。

東インド会社の最も重要なメンバーの一人が、「キングメーカー」と呼ばれたジェレミー・ベンサムである。ベンサムは、ファビアン以前の*哲学的急進派*のリーダーであり、一つの世界政府を公然と支持する最初の人物であった。彼の思想は、現在「功利主義の哲学」と呼ばれる形で定式化された。

ベンサムは1782年からイギリス東インド会社を経営していた。オーウェンは、ウォバシュ川沿いのニューハーモニーで社会主義を確立するために渡米した。政治的信条としての「社会主義」という言葉は、1830年に初めてこのように使われたようだ。

ロバート・オーウェンは、アメリカ政治の進化に重要な

役割を果たした。彼らはフランシス・ライトとともに、自由恋愛、無神論、奴隷制廃止（「秘密の6人」と共同）を説いて全米を回り、1829年におそらく最初の社会主義機関である「*労働者党*」をニューヨークで設立した。読者にとって重要なことは、オーウェンの使命が、アメリカの「300」計画を実現することだったということだ。

> ➢ 共産主義の前身である社会主義を確立する。

> ➢ 女性の「平等な権利」を説き、家族間の分裂を引き起こすことで、家族という単位を破壊する。

> ➢ 子供を長期間親から引き離す「寄宿学校」を作る。

> ➢ 必要なら「不都合を解消するために」中絶する「自由恋愛」を常識にする。

> ➢ 人種を統合し、単一の世界人口とする運動を確立すること。

> ➢ 密かに秘密裏にルシフェール会を設立すること。後にアーノルド・トインビー教授が、この超秘密結社のトップとして、イギリスとアメリカの両方で活躍することになる。

オーウェンは、米国憲法と州憲法を嫌い、ジョン・クインシー・アダムの息子チャールズ・フランシス・アダムスと協力して、連邦州際通商委員会の前身をつくった。

1808年、ジェームス・ミルはジェレミー・ベンサムと出会い、二人は親しい友人となった。1811年、ロバート・オーウェンと関係を持つようになる。1819年、ミルズが東インド会社の事務局に入ることになった。

この人事の意義は見過ごせません。当時も、イギリス東インド会社はインド亜大陸のほぼ全域を支配し、ガンジス川流域やベナレスの肥沃な土地で栽培されたポピーから取れるアヘンを使って、中国で非常に有利なアヘン貿

易の主導的役割を担っていたのである。原価は無視できないのに、利益は今の水準から見ても驚異的であった。

その後、ミルズは事務局長に昇進し、政治、司法、財政、そして巨額の資金を管理する大帝国のトップに立つことになったのである。彼は、アメリカやロシアなど、当時の全世界に影響を与える政策を立案する有力者である「コート・オブ・ディレクターズ」の責任者であった。彼の経済理論は多くの方面で支持され、特にマルクス主義の標準的な学説となった「*賃借料*」*の理論を打ち立て*たデイヴィッド・リカルドは有名である。息子のジョン・スチュアート・ミルが後を継いで事務局長となり、英国政府が政治面を引き継ぎ、正式に英国東インド会社（BEIC）となるまで、その権力と影響力のあるポジションを維持した。

1859年、BEICは、ジョン・スチュアート・ミルの「永続的な安定のためには、最も賢明な者の手に絶対的な権力が必要」という方針に従い、その絶大な権力の頂点に到達したのである。権力と知恵は一致する、これは東インド会社の教義であり、哲学的な急進派も同じだ。

1859年以降、イギリス東インドはイギリス政府を支配し、世界情勢に大きな影響力を及ぼした。米国は、その大きさと多様性から、コントロールが難しい国として、常に頭を悩ませていた。実際、BEICはこの国の生活のあらゆる面を支配していたと見ることができる。哲学的急進派は、東インド会社の課題の多くを達成することができたが、米国では、主に州憲法と連邦憲法のために、より複雑な課題を突きつけられた。

私が何度も言っているように、この問題はモスクワで始まったと誤解されている。実際は、フス派やアナバプティストといった急進左派から始まっており、その指導者の多くがアメリカに移住していたのだ。アメリカ人は、共産主義が私たちが直面する最大の危険であると考える

ように洗脳されている。これは単純に違うんです。最大の危機は、私たちの中にいる大量の裏切り者から来る。憲法は、国境内にいる敵に注意するよう警告している。

この敵は、我が国の政府機構で高い地位にある300人委員会の手下である。米国でこそ、我々を飲み込もうとする流れを変えるための戦いを始めなければならない。そして、我々の国の門の中で、この裏切り者たちに会い、打ち負かさなければならない。しかし、それは難しいことなのです。一つの世界政府と新世界秩序の推進者たちは、アメリカ国民を言葉によって条件づけられた国民に貶めた。アメリカ国民は、先祖と違って「権威」を受け入れる準備ができていて、教化された人々の国になってしまったのです。

保守政党であるはずの共和党に、ネオ・ボルシェビキ的な要素が入り込んでいるのがわかる。しかし、「300人」が選んだ大統領候補であるブッシュ大統領のもとで、米国は「300人」の意思を世界に押し付けようとする好戦的な大国に変質してしまったのである。ローマクラブは、米国国務省のエリオット・エイブラムスが立案した大きな計画の一環として、エルサルバドルでの25年にわたる戦争を作り出したのだ。

もし、アメリカに政治家ではなく、政治家が国を動かしていたら、状況は大きく変わっていただろう。その代わりに、バーナード・レヴィンのようなタヴィストックの代理人がタヴィストックのマインドコンディショニング論文を書き、それがローマクラブの出版物で国家や個々の指導者の士気をいかにして壊すかについて哲学として売られているのだ。

以下は、レビンの記事の抜粋である。

> *恐怖の戦略で士気を高める主なテクニックの1つは、まさにこの戦術で、相手に自分の立場や期待することを知らせないようにすることです。*

さらに、厳しい懲戒処分と良い待遇の約束が頻繁に揺れ動き、矛盾したニュースが流されることで、状況の構造が不明瞭になると、ある計画が自分をゴールに導くのか、それとも遠ざけるのか、本人がわからなくなる可能性があるのです。このような状況では、明確な目標を持ち、リスクを取ることを厭わない人でも、深刻な内なる葛藤に直面し、麻痺してしまうのです。

このローマクラブの青写真は、国にも個人にも、そして特にその国の政府指導者にも適用されます。私たちアメリカ人は、「ここはアメリカだから、こんなことは起こらない」と考える必要はありません。アメリカでは、おそらく他のどの国よりも、このようなことが起こっていると断言しましょう。

ニクソン元大統領が退陣に追い込まれた経緯は、レビンの手法の典型である。もし、ニクソンが意気消沈し、混乱状態に陥らず、持ちこたえたならば、弾劾されることはなかっただろう。レビンとローマクラブの計画は、私たち全員を萎縮させ、最終的には自分たちのために敷かれたものに従わなければならないと思わせるように設計されているのです。私たちはローマクラブの命令に、羊のように従います。突然現れた強いリーダーが、国を救うというのなら、それは最大限の疑いの目で見なければならない。

米国は精神的にも道徳的にも破綻し、産業基盤は破壊され、4000万人が失業し、大都市は考えうるあらゆる犯罪のおぞましい巣窟となり、殺人率は他国のほぼ3倍、400万人がホームレスになり、政府の腐敗は常態化している。米国は内部から崩壊し、暗黒時代の新世界政府の腕の中に入る準備ができていると誰が反論するだろうか。

これほど恐ろしい、あるいは危険な不吉なことがあるだろうか。

米国におけるローマクラブの他のメンバーは、議会調査

局のウォルター・A・ハーン、上級エコノミストのアン・チータム、ダグラス・ロスの3人である。米国議会調査局のHahn、Ann Cheatham、Douglas Rossの両シニアエコノミスト。ロスの仕事は、彼自身の言葉を借りれば「ローマクラブの視点を法制化し、国が豊かさの幻想を捨てられるようにすること」であった。アン・チータムは、「未来のための議会クリアリングハウス」という組織の責任者であった。

ローマクラブは、時折、無難な題名で、わが国にとってほとんど脅威とならないような会合や会議を開催している。この会議では、実行委員会が組織され、それぞれに具体的な任務と、その任務を完了しなければならない目標期日が与えられます。NAFTAと世界貿易協定は、そのようなプロジェクトであった。1981年に私が言ったように、私たちは政治的、社会的、経済的にローマクラブの計画に縛られ続けるように仕向けられているのです。すべてがアメリカ国民に不利になるように操作されているのです。

私たちが生き残るためには、まず委員会が政府を支配していることを断ち切らなければならない。カルビン・クーリッジがホワイトハウスに立候補して以来、どの選挙でも委員会は政府の要職に工作員を配置することができたので、ホワイトハウスで誰が仕事を得るかは問題ではないのだ。

300人委員会の存在の証明は、私がよく聞かれることである。著名な社会主義政治家でロスチャイルド家の財務アドバイザーであったヴァルター・ラテナウが-ラテナウがいかに強力な人物であったか想像できる-記事を書き、ウィーン新聞社がそれを1921年12月24日に発表したのだ。

*300人委員会*が引用した記事の中で、ラテナウはこんな驚くべきコメントをしている。

たった300人の男が、それぞれが他のすべての男を知っていて、ヨーロッパの運命を支配しているのです。後継者は自分たちの仲間から選ぶのです。彼らは、自分たちが理不尽だと思う国家の形態を終わらせる手段を手にしている。

ちょうど半年後の1922年6月24日、ラテナウはその軽率な行動のために殺害された。100年前にはありえなかったことだが、今日、このようなことが起こり、そしてほとんどコメントされていない。私たちは、タヴィストックがこの国に対して行った長期的な浸透戦争に屈してしまったのです。プルデンシャル保険の爆撃構想に敗れたドイツ国民のように、私たちの多くが屈し、この国を彼らの夢の中でしか想定されなかったであろう過去の全体主義体制のようなものにしてしまったのだ。「世界有数の大国でありながら、真実を求めない国がここにある」と。プロパガンダ機関などなくても大丈夫です。私たちは、この国から真実を隠すために苦労する必要はありません。この国は、自ら進んで真実を拒絶しているのです。この国は "リパルサー" だ

これは、古い時代の終わりと、陰謀を超えた状態の始まりとして、世界評議会やフォーラムで公然と宣言されていることである。

これはH.G.ウェルズが宣言した世界であり、彼が「*新共和国*」と呼んだものである。この新共和国は、今や陰謀を超え、我々がコントロールできない300人委員会の特別に選ばれた米国の支配者たちによって運営されている。

第16章

戦争と紙幣

戦後、2億5千万ドルの金で売られた5億5千万ドルのグリーンバックを償還するための闘いは、その一部ではあるが、この調査の範囲外である。こうして紙幣は戦争の道具となり、専制政治はアメリカ大陸に再びその足場を築いた。1776年の勝利が覆されたのである。

パターソンとキング・ウィリアムの話に戻ると、知的な読者であれば、質問もするでしょう。パターソンは、部分的に確保された紙幣を流通させる手段を提供したと言えるかもしれない。しかし、戦争に必要な実際の物品を提供したのは誰なのか。それはいい質問ですね。その答えはこうだ。直接税の引き上げによる戦費調達を拒否した同じ国民が、今度は紙幣という策略によって信用と武器を提供し、ウィリアム王が裏技で彼らの財産を差し押さえることを許し、同時に彼らの貨幣価値を下落させたのだ。彼の臣下は、隠された戦費の本当の請求書を受け取らなかったが、とにかく戦費を支払った。

これはまさに、米国が戦争に行くたびに起こることです。戦争にどれだけの費用がかかるかは知らされない。政府は反乱のリスクを冒す勇気がないので、戦争の財源は間接税、つまり紙幣で賄われている。紙幣は無担保で大量に印刷されている。また、イギリス国民はこれらの問題を議論する権利を奪われている。これは現在でも特にプロパガンダが導入されたときに起こります。そんな時、プロパガンダに支配されると、理性的な議論が脇に追いやられ、感情が高ぶってしまう。ほとんどすべてのア

メリカの学校や大学では、アメリカは近年、民主主義を守るために、そしてアメリカの自由がドイツによって脅かされたために2度戦争をしたと教えています。

人口がわずか9,500万人で、人口動態が限られ、天然資源もほとんどない国が、どのようにしていわゆる目標を達成しようとするのか、説明されたことはない。

どうやら、質問してくれる人が少なかったようだ。アメリカは、王立国際問題研究所とタヴィストック研究所というシンクタンクの巧妙なプロパガンダの犠牲者になってしまったのだ。

第一次世界大戦でも第二次世界大戦でも、ドイツは侵略者ではなかった。異議あり、イギリスとチェコスロバキアの間のような条約が作られ、戦争が行われることになった。

アメリカの場合は、ドイツが非難されたルシタニア号事件によって、戦争が確保された。そして、第二次世界大戦の場合は、真珠湾攻撃である。このような露骨なプロパガンダが可能であったことは驚きであるが、ベトナムではもっとひどい目にあった。だから、アメリカが大規模なプロパガンダに屈して、2つの世界大戦に引きずり込まれたことを理解するのは、それほど難しいことではないかもしれない。

私たちは、韓国やベトナムで同じことが起こっているのを見ました。そして、それは今、私たちの目の前で、中米、バルカン半島、アフリカ、イラクを含む中東で起こっているのです。南北戦争以来、黒人貴族の手先でもあるロスチャイルドのエージェントたちは、アメリカに中央銀行を設立しようと懸命に動いていた。彼らは、アンドリュー・ジャクソンのような愛国者に邪魔をされるつもりはなかったのだ。1905年直前の一般の人々にとっては、この問題は理解されておらず、ロスチャイルドのエ

ージェントが思い通りに動けば、アメリカの生きている
すべての魂に深い影響を与えるということも理解されて
いなかったからだ。

1905年、J.P.モルガンはアメリカ経済に小さな恐慌を計画
し、国民が将来の恐慌に対して中央銀行を設立して保護
を求めるようにした。モルガンは、恐慌から「卑しい人
々」を守るために必要であると主張した。J.P.モルガンは
、ヨーロッパ数カ国の財政代理人であり、その事実は偉
大なルイス・T・マクファーデンによって明らかにされた
。そして1907年に彼が計画した恐慌を引き起こし、人々
をパニックに陥れ、人々を守るために中央銀行を要求さ
せたのだ。不況は、富を生み出した人々から、富を生み
出していない寄生的な銀行貴族に、不当な富を移転させ
るという目的だけのために引き起こされる。

オルドリッチ法案は、当初、オルドリッチがベルモント
の懐に入り込みすぎていると世間に思われ、否決された
。しかし、この法案の提出者は、成功するまで粘り続け
た。新しい連邦準備銀行がもたらした自由の喪失によっ
て、紙幣の供給が爆発的に増加する舞台が整った。分数
積立や通常の商業貸付ではなく、それは遅すぎたが、191
4年に始まったアメリカの戦争への参戦を可能にする手段
であった。国民は銀行家のやっていることに気づかなか
ったが、何人かの議員は気づいていて、モルガンとウォ
ーバーグを攻撃した。ラフォレット議員やランディーン
議員も、ロックフェラーを批判していた。

これは、1917年4月5日の『議会記録』第55巻、365-
372ページに掲載されているものである。

> *1917年、モルガンは、アメリカが2年以内に参戦すれ
> ば担保が得られると考え、巨額の融資を開始した（そ
> の計算は正確だった）。モルガンの周りには、欧米の
> 貴族や封建的な家柄を敬愛する人たちが集まっていた
> 。その一人が、中世貴族をこよなく愛したハーバート*

・クロウリーである。モルガンはマスコミの力を知っていて、マスコミを個人的な宣伝装置として使い、ヒステリックな反ドイツの雰囲気を作り出した。キャロウェイ議員によると、モルガンは、最も影響力のある新聞社を無担保社債で買収して支配下に置いた。彼は、アメリカのためというより、アメリカに害をなすことに関心のある12人の従業員を配属したのです。そして、これらの有力な新聞は、単なるプロパガンダの道具に過ぎなくなった。理性的な議論が逃げた。ヒステリーがそれに取って代わり、小さな平和運動は圧倒された。

それを変えたのが、アメリカ独立戦争である。民衆の敵意を貴族という正しいターゲットに向け、この国への支配を断ち切ったのだ。残念ながら、同じ入植者、あるいはその子孫は、連邦準備制度の背後にある奴隷制度をそれほどはっきりと見ていなかった。彼らにとって、それは不明瞭な問題であり、1776年に勝ち取ったものは、1913年にはデフォルトで失われてしまった。ジェファーソンが警告した秘密貴族は、1913年の連邦準備法の可決によって、アメリカ国民に隷属のくびきを課したのである。この日は偶然ではなく、1914年に宣言された彼らの戦時中のスケジュールのギリギリだった。中央銀行が「作った」紙幣がなければ、世界大戦は起こらなかっただろう。

隠れ貴族は、真の富の生産者である人民を搾取し、労働者が生産した富を様々な手口で自分たちに移し、実質的に人民への寄生虫として生きています。これは実は、暗黒時代の公然たる貴族が採用していたシステムとほとんど同じである。封建領主が農民を土地に縛り付けて、彼らの労働の成果を盗み、また農民の命を安価で搾取できるもの、もはや所有物ではないと見て、彼らの妻を強制的に連れ去ることができたからである。アメリカの貴族たちも、人の命を安っぽく見ている。何百万人もの兵士

が2つの世界大戦を戦い、命を捧げたのではありませんか？唯一の違いは、我々の封建領主であるマーシャル、ハリマン、メロン、フィールズ、プラッツ、スティルマン、アルドリッチ、ロックフェラー、カボットロッジ、グッゲンハイム、クーンローブ、モルガン、ウォーバーグスなどが隠れ貴族であり、ヨーロッパの対応者は公開貴族だということである。ソ連では、政治局、共産党などと称していても、国を動かしているのは実は隠れ貴族である、ということは当てはまらなかった。

公開貴族は公に宣言された国家であり、秘密貴族は地下で活動し、2007年の今日、世界のほとんどの国がこのように統治されている。

真の民主主義は存在しない。アメリカを含む世界の大多数の人々は、自分たちの労働の成果を保持することを許されないからだ。非民主的なさまざまな方法によって否定され、地下組織や公然貴族に移されるのだ。

貴族になるには、大きな富が必要で、それは自分で稼がなければならない、寄生虫は決して働かないからである。そして、紙幣は、国民が稼いだ富を着実に移転させることができるので、この階級にとって好都合であることが証明された。状況が悪化すると、移管を早めるために戦争が起こる。このように、アメリカの貴族たちは、自分たちが引き起こす苦しみを顧みず、自分たちを豊かにし、権力を強化するためだけでなく、過剰人口と見なされるものを排除するために、2つの世界大戦で何百万人ものアメリカ人を死地に追いやったのであった。

もし、当時の政府が戦費のために直接税の大幅な引き上げを余儀なくされていたら、戦争への熱意は一気に冷めていただろう。しかし、連邦準備制度が提供するメカニズムがあれば、国民が災難に導かれていることを伝える必要はなかった。王立国際問題研究所とタヴィストックから派遣されたよく訓練された専門家が、戦争への熱意

を煽ったのだ。このような組織に対して、国民は何の防御手段も持たない。チャールズ・リンドバーグのような国家的指導者は、すべての汚い仕事を見破り、直ちに無力化された。彼の大胆さは、幼い息子の誘拐と死を犠牲にした。

戦争というヒステリーが起きると、人間は理性を失ってしまう。愛国心の煽りを受けて議論する能力が失われ、感情論で問題が決められ、国家のためと称して自由と正義の原則が放棄されている。

愛国的な歌、旗振り、武道的な音楽は、慎重な判断の代わりとなる。もし、戦争への集団ヒステリーが誘発されている時に、国民の注意を引くことが可能であれば、理論的には、戦争の隠れたコストという大鼓を打ち、紙幣という煙幕を取り除き、少数の利益のために通貨を切り下げる力が、まさに戦争を煽っている人々に属していることを指摘することができます。戦争の目的は、絶対的な権力の座に定着した貴族を豊かにすることだと説明することができる。戦争が国家のためにならないこと、銀行家が愛国心を独占しているわけではないことを示すことさえできる。

紙幣と、銀行家が莫大な利益を得る戦争との関係も説明できるかもしれない。自分たちの手に富を集約することによって、貴族は実際には自由の擁護者ではなく敵であり、自分たちのために集約した富が国家のためにさらなる富を生み出すために決して資本化されないので、共産主義者と同じくらい、いやもっと悪い存在であるということを証明できるかもしれない。この観点から、国民が偽りの資本主義というキリスト教的でない原則を守るために戦争に行くよう求められていることを、確かに証明することができるだろう。私たちの共和制の正しい原則はキリスト教資本主義であり、社会主義とは何の共通点もない。

私のメッセージは、毎晩テレビ画面に流れる「ニュース」と称するヒスノイズ、キャッキャウフフ、叫び声のひどい不協和音とはまったく異なるものです。私たち人民はもはや主権者ではない。1913年に議会の代表者が、私たちの主権を、私たちの共和国と対立する顔の見えない男たち、つまり私たちを消耗品の農民と見なす男たちに譲り渡すことを許したからである。ホセアが「私たちは知識がないために滅びる」と言ったのも無理はない。私たちの国民は、1913年には連邦準備制度が何であるか知りませんでしたし、今日でも大多数が知りません。

1776年の植民地主義者の勝利は、部分的または全体的に安全性のない大量の紙幣（3種類ある）の普及によって否定されたことは明らかである。

> 銀行家は、完全に裏打ちするための金やその他の実物資産を持っているよりも多くの紙を発行する権利を持っているのです。

> 危機の際に中央銀行が小銀行に金を貸し付けるところ。

> 法定通貨、それは金の尺度を取り除き（尺度は人と国を正直に保つ）、何も裏付けがなく、実際のお金での支払いの約束さえない法定通貨紙に置き換えます。お金ではないのですが、政府がお金として受け入れなければならないと言うので、受け入れているのです紙幣を受け取らなくなれば、新たな重税なしに戦争を始めることは不可能になる。

> 紙幣の増殖は、金のような固定基盤ではなく、常に拡大する紙幣という本物の紙風船を基盤としているからこそ起こるのである。一般的に言って、過去に戦争の資金調達にこれらの方法が使われ、バルーンが増殖すればするほど、戦争は長引いたの

である。逆に、金や金属通貨に戻した途端、戦争はすぐに終わってしまった。現金は戦争の特効薬だ!リアルマネーがないってことは、反乱の危険を冒して莫大な直接税を徴収しないと戦争にならないってことだ。

アメリカは、天才トーマス・ジェファーソンのおかげで、一時期本当に自由だった。彼は、世界が貴族制度を装った奴隷制の時代に入ったことを見抜いていた。彼は紙幣の役割を理解し、中央銀行の意図する役割も理解していた。彼は、紙幣は盗むためのライセンスであり、中央銀行はこのライセンスを発行し、大幅に拡大するためのメカニズムに過ぎないことを知っていた。また、無担保の紙幣は奴隷制度と同義であることも知っていた。

人から奪うと、その人は何もできなくなる、それが奴隷なのですジェファーソンは、貴族が提案する中央銀行は、暗黒時代の貴族による農民支配の焼き直しであることを見抜いていたのだ。

アンドリュー・ジャクソン大統領は、中央銀行を廃止するために苦闘を続け、あらゆる障害を乗り越え、廃止に成功した。アメリカは、ジェファーソンとジャクソンが正しかったことを証明する、急速な経済成長期を迎えました。アメリカという国は、寄生虫のくびきから解放され、その才能が許す限り、真の富を自由に生み出すことができた。それが、連邦準備制度法の制定で一変した。覚えておいてほしいのですが、連邦準備制度は、1914年に1ペニーも持たずにゼロから始まりました。しかし、例えば1939年までに、231億4145万6197ドルの利益を得ました。日本銀行の株を1株も持っていない人民政府には、1円も入っていないのだ!」。(数字は1939年5月19日付*議会記録*、8896ページより)。

中世のヨーロッパで農民の労働の成果を奪ったように、貴族が私たちの労働の成果を奪う道が開かれたのである

。第一次世界大戦と第二次世界大戦では、アメリカの兵士はヨーロッパと太平洋に送られ、銀行家の融資を維持し、1913年の連邦準備法によって課せられた奴隷制度を永続させるために血生臭い戦争を戦った。

ジェファーソンは、「国家は、外の敵と内の敵の2つの敵に直面している」と説いた。ジェファーソンもリンカーンも、内なる敵が我々の共和国と自由にとって最大の危険をもたらすと主張した。アメリカの関心が、いわゆる「グローバル・テロ」と呼ばれる、より目に見えるものに向けられるにつれ、貴族たちはより強く、より強力になり、2007年には、自由という共和制の理想に基づく国家としての我々の存在に恐ろしい危険をもたらす秘密貴族となったのである。そしてその方法は、常に紙幣によって行われます。

1907年のモルガンと彼の小恐慌の後、政府が中央銀行の設立に同意しさえすれば、小市民は二度と銀行の破綻に直面することはない、というスローガンが掲げられたのを覚えているだろうか。さて、その後どうなったか見てみましょう。

統計によると、1913年にこの国で中央銀行が設立されて以来、我々の歴史の中で最も多くの銀行が倒産しているのですさらに悪いことに、それ以来、私たちは義務を負うようになりました。私たちはそれぞれ利子を負っており、利子を負うと義務を負うことになります。

隷属を可能にするものは何か？それはもちろん、紙幣です

貴族の対応は、より大きな財政赤字を作り、それが増殖し、その結果、無担保の紙幣の供給が増加し、少数の人々が国民を犠牲にしてより金持ちになれるようにすることである。ロッキード社は、ミニットマンミサイル計画

で巨額のコスト超過が発覚した際、政府から多額の補助
金を受け取ったが、それはフィッツジェラルド事件の発
覚後、多額の訴訟費用を支払うために間に合わせたもの
であった。

これは、内なる敵の例である。遠くの敵を恐れる必要は
なく、内部の敵も恐れる必要はないのです。必要であれ
ば、短時間で膨大な資源を動員し、外敵を倒すことがで
きる。私たちは第二次世界大戦でその能力を発揮しまし
た。ただ、間違った敵と戦ったことは歴史が証明してく
れるでしょうでは、米国が行ってきた戦争の本当の目的
は何なのか。

原始的な半野蛮民族とその弱い文化、例えばベトナム人
のような人々から身を守るためだったのでしょうか。そ
うではなく、本当の敵、つまり国体にはびこる寄生虫か
ら注意をそらすためだった。ちょうど封建領主が敵意を
外に向けて、自分から遠ざけ、想像上の危険に向かって
拒否したのと同じである。ローマ帝国は、常に同じ目的
で外国との戦争をあおった。

地理的にもアメリカは比較的安全で、敵が持っているで
あろうものから身を守る技術もある。しかし、何が起こ
ったのか？貴族たちは、ロバート・マクナマラのような
傭兵を通して、ICBMに対する最高の防御を放棄すること
を強要したのだ。そう、私たちは盾を手放したのです。

何年も逡巡し、この案に反対した後、貴族中の貴族であ
るマクナマラは、議会が計上した資金を宇宙空間に設置
できる最高の粒子ビーム兵器に使うことを拒否した。そ
こから、米国を狙う敵ミサイルが目標に到達する前にす
べて爆破できるはずだったのだ

このような防衛策を導入するべきだという声が上がって
いると思うのですが、いかがでしょうか。それどころか
、同じマクナマラが率いる人たちが、全国を回って光線

銃に対する憎しみの大合唱を説いて回ったのだ!そして、メディアはこれらの兵器を、まるでそれが犯罪であるかのように、彼らが「未来的」と呼ぶものであると宣言したのです。内なる敵の代弁者、ニューズウィーク誌がビーム兵器を「スター・ウォーズ」と呼ぶ!もう一人、貴族の傭兵を取り上げるとしよう。ヘンリー・キッシンジャー

キッシンジャーは何年も前に大統領を辞めたが、今でも密かに国の外交政策を指揮している。タイム誌によると、彼はホワイトハウスの有力な訪問者であるという。キッシンジャーは、メッテルニヒ公を尊敬しているという。オーストリアの歴史は学校ではあまり人気がないので、彼が何を目指していたかを知っているアメリカ人はほとんどいません。メッテルニヒは19世紀にオーストリアの首相を務め、封建主義の熱心な弟子であった。この権威主義的な暴君に対して、モンロー大統領は有名な「モンロー・ドクトリン」を指示したのである。

ロバート・マッケンジーは、著書『The 19th Century; A History』の中で、メッテルニヒについて次のように語っている。

> 彼(オーストリア皇帝フランチェスコ)の政治理論は、民衆の干渉を受けないだけでなく、民衆の批判も受けないものであった。思想や言論の自由を許さず、自分たちのためだと信じて、民衆を屈服させ続けた。
>
> 彼は報道機関に厳しい検閲を課し、外国からの印刷物をすべて監視し、外国の扇動者が、思想の不在がもたらすとされる幸福な静謐を乱さないようにした。彼は、慎重に枝分かれした秘密警察のシステムを支持し、不幸にも自由主義の伝染病が彼の国民に及んだ場合、それによって彼はすぐに警告を受けることができた。
>
> 国民の知性を抑圧し、それなしには政治は不可能と考

える無知な忠誠心を汚さずに維持するためにとったすべての措置において、彼は抜け目のない不謹慎な大臣、メッテルニヒ公によって巧みに支援されていた。

キッシンジャーがこの国の絶対的な権力を手に入れたら、私たちをどうするか、もうお分かりでしょう。モンロー・ドクトリンに唾を吐きかけ、モンローの墓をひづめで踏みつけたのはキッシンジャーである。私は、フォークランド紛争というアメリカの歴史に残る恥ずべき汚点について言及している。それは、アルゼンチンに対するイギリスの女王の戦争に味方をしたことである。

私たちは、ジェファーソン、ジャクソン、モンローを裏切ったのです。私たちは、この半球に進出してきたすべての攻撃者を撃退することを義務づけたリオ条約を破り、自らの歴史と政治的伝統を汚したのである。私たちは、自分たちが信頼できない同盟国であり、文書による義務を果たすことを信用できないことを世界に示した。そして、湾岸戦争とセルビアの破壊によって、再びそれを行ってしまったのであるこのような恥ずべき冒険をするための資金はどこから出ているのだろうか。それは、無からお金を刷るための印刷機から来たのです

戦争に反対することは難しく、孤独で、しばしば危険な仕事です。戦争ヒステリーが起きると、銀行員は愛国心を叫び始める。戦争を求める声に加わらない者は、「非国民」のレッテルを貼られる。私は、間違った理由で戦争に反対する小さな要素、ベトナム戦争を利用して社会主義を推進したジェーン・フォンダに従う人々について話しているのではない。彼らは、相応の軽蔑をもって退けられていい。私は、戦争の本当の動機を調べ、それが銀行家のための融資を確保し、貴族を豊かにする手段に過ぎないことを発見する、真の愛国主義者の男女について話しているのです。

もちろん、アメリカの独立戦争や南アフリカのボーア戦

争のように、本当の自由のために戦争が行われたことも
あるが、それは稀なケースである。次の戦争への計画を
打ち砕く最善の方法は、無担保の紙幣を段階的に廃止し
、1オンス700ドルの金をベースにした金建ての通貨に戻
すことである。それなら、本当に予算を均衡させる必要
があります。両党の議員たちが声高に叫んでも、銀行家
たちはこれを実現することに何の興味も示さない。傭兵
を使って均衡予算と騒ぐが、すべてハッタリで見せかけ
のものだ。

財政収支を均衡させて赤字を解消すれば、金利の急上昇
につながる。真の富の創造者である我々国民は、もはや
そう簡単に搾取されることはない。政府は、必要な資金
を得るために頻繁に印刷機に頼ることができなくなるか
らだ。その代わり、政府は企業と同じ市場にお金を借り
に行かなければならないので、しばらくの間、金利がな
くなる。ウォール街は、このような雷鳴からすぐに立ち
直ることはできないだろう。

政治家が政権維持のために票を集めるための空疎なレト
リックは、即座の行動に取って代わられるでしょう。そ
うなれば、政府には財政再建を急ぎ、借金が必要なくな
るようにという強い圧力がかかる。無駄な軍事的非効率
は止められるだろう。反対する人は、悪者にされるどこ
ろか、英雄として讃えられるだろう。私たちは憲法を尊
重し、私たちの利益にならない宣言されていない戦争を
止めなければなりません。韓国、ベトナム、ユーゴスラ
ビア、湾岸戦争のような宣言されていない戦争はもうし
ない。もし、私たちが自由を守るために戦わなければな
らなくなったら、政府はプロパガンダなしに国民に問題
を突きつけなければなりません。

すべての問題を議論し、どのような行動をとるかを決め
なければならない。それが戦争であるならば、トンキン
湾決議ではなく、戦争と呼ばれるようにしよう。帝国に

なったからには、軍隊を国防省ではなく、陸軍省という正式名称で呼ぼうではありませんかまた、この際、政府は戦争費用をどのように捻出するのかを国民に伝えなければならない。紙幣による戦争はもうしない。これは終わらせなければならない！銀行家の利益を得るために、我々を戦争に巻き込もうとする策略はもうやめよう！」。湾岸戦争はもうごめんだ。陰謀を超えよう。

例えば、アメリカ軍が最初にベトナムに招かれざる客として入った時、それは洪水被害救済のためという口実だった。そして、戦争が始まった。戦争は、クラウゼヴィッツの定義、"戦争は他の手段による政治の継続である"によって認識されなければならない。

ベトナムは、正式な宣戦布告をしないまま、大規模な潜伏と欺瞞に陥った。キッシンジャーは、すぐに終わるかもしれないと思ったので、それを延長した。キッシンジャーは、パリでの「和平」交渉を引き延ばし、その遅れをベトナムのせいにしていた。

これによって、銀行家は利益の面で見合うようになった。この遅れは、肉挽き機でより多くの部下を殺したが、それは問題ではなかったようだ。

戦争は銀行家に莫大な利益をもたらす。ロスチャイルドは南北戦争で40億ドルを稼いだ。二つの世界大戦、朝鮮戦争、ベトナム戦争でどれだけのものが作られたのか、誰も知らない。確かなことは、次の戦争は今こうしている間にも計画されているということだ（政府がやっているのだ、そうでなければなぜ兵役の話をするのか）。双方の銀行家は、互いの資産を破壊するつもりは毛頭ない。両大戦とも、軍需工場は爆撃しないという不文律があり、同じ理由である。

次の戦争も「ハーフ＆ハーフ」の戦争になるだろう。もし、このことに疑問を持つなら、中東ですでに起こって

いることを見てください。もし米国が中東に関与するのであれば、大統領はこの国の国民に、戦争に突入する法的根拠を正確に示す必要がある。そして、そのために必要な費用と、その支払い方法についても説明しなければなりません。そして、議会は宣戦布告をし、一刻も早く戦争に勝つことを目的に軍隊を送り込まなければならない。

1694年以降、紙幣とすべての戦争との間には、証明された関係がある。1915年から1917年にかけては、紙幣の供給量が大幅に増加し、購買力が劇的に低下した時期である。戦争は、1776年の戦争を顕著な例外として、共通の利益のために組織されるのではなく、法案を書き、利益を得る人々の利益のために行われる。もし、紙幣による戦争を通じて貴族が享受する大きな利益がなくなれば、戦争を行う理由は突然なくなり、それどころか不人気になるであろう。

アンドリュー・ジャクソンは、ヨーロッパとアメリカの銀行家である黒人貴族と対決し、彼らを打ち負かしたのです。彼は憲法を堅持し、キリストのように両替商のテーブルをひっくり返したのです。彼は、最高裁を恐れていなかった。

マーシャル判事が違憲判決を出したとき、ジャクソンは、"マーシャルは判決を下したのだから、今度はそれを執行させなさい
"と言った。ジャクソンは、最高裁が憲法の上にあるわけではなく、憲法を施行できるのは我々国民だけであることを認めた。その後、自分の間違いを知ったマーシャルも、同じ結論に達した。紙幣がなければ、アメリカはどちらの世界大戦にも参戦しなかっただろう。私たちが関与する理由はない。

元老院はそう言った。第一次世界大戦の原因を徹底的に究明し、文書346号を発表した。

その責任は、ひとえに国際的な銀行家の肩にある。彼らの頭には、何百万人もの死にゆく人々の血が流れているのです。

その戦争で約1200万人が亡くなった。ナイ委員会とシソン委員会は、1917年にヨーロッパに軍を派遣すべき正当な理由を見いだせなかった。イングランド銀行が無担保紙幣の使用を確立するまで、イギリス人は攻撃的な国、好戦的な国として知られていなかった。その後、イギリスは次々と戦争を起こし、以下のリストにあるように、ヨーロッパの「軍鶏」となった。

> ➤ 1689-1697 ウィリアム王戦争

> ➤ 1702-1713 アン女王戦争

> ➤ 1739-1742 ジェンキンス・イヤー・ウォー

> ➤ 1744-1748 キングジョージ戦争

> ➤ 1754-1763 フレンチ・アンド・インディアン戦争

> ➤ 1775-1783 アメリカ独立戦争

> ➤ 1793-1801 革命派フランスとの戦争

> ➤ 1803-1815 ナポレオン戦争

イギリスが唯一勝てなかった戦争がアメリカ独立戦争であり、このことが、あれだけ成功し続けてきた貴族たちが、アメリカの植民地主義者たちに負けたことに大きなショックを受けた理由の一端を担っているのかもしれない。

イギリスは1689年から1815年までの126年間、戦争をしていた。その間ずっと戦場にいなかったのは事実だが、軍隊が戦場にいない間、戦争に行く準備をしていたのだから、戦争をしていたと考えてもよいだろう。

同様に、アメリカは紙幣が導入されるまでは攻撃的な国ではなかった。その後、2度にわたって戦争に突入し、関

与する理由のない戦争に参加した。私たちは、挑発することなく2度ドイツを攻撃しました。

1934年に発表された上院の*ナイ報告は*、1917年にアメリカが戦争に突入する理由は全くなかったと述べている。それ以来、ロックフェラー氏は、第二次世界大戦とアメリカの戦争への関与について、そのような報告書が出版されないようにした。ロックフェラーが1945年の敵対行為終了直後に依頼したCFRの文書には、第一次世界大戦後のように、ヨーロッパで二度目の戦争をする理由を議論することを望まない、と記されている。第二次世界大戦の歴史を3巻にまとめ、実際に起こったことを暴露しようとする歴史家たちを黙らせるために依頼した。貴族が、自分たちのために再び戦争をするように、国家を誘導する方法はただ一つです。それは、「ドル」に見せかけた連邦準備銀行券のような、安全性のない不換紙幣を使うことであり、これは専制政治の道具であることをお見せしようと努力しました。1776年にアメリカ人がこの大陸にもたらした自由を取り戻すために、私たちは努力を重ねる必要があります。

2007年の今日、私たちは自由を享受しているわけではありません。伝統の保持者として、私たちは同胞を啓発し、私たちの奴隷としての地位をできるだけ多くの人々に理解してもらうために、できることをしなければなりません。必要であれば、1776年の精神を呼び覚ますことを躊躇してはならない。私たち国民が満足できないときに、政府を変えさせることは憲法上の権利である。アメリカは自由の最後の砦です。しかし、私たちの自由は国内の敵によって急速に食い尽くされています。もし私たち国民がアメリカを救う価値があると信じるなら、私たちには気に入らないことを正すために必要な措置を取る権利と義務があるのです。あなたの息子や娘を、紙幣によって可能になった戦争に再び送らないでください！」。私たちは、この巨大な陰謀の正体を暴き、その上に立つ

ことを決意しよう。

既に公開済み

OMNIA VERITAS. OMNIA VERITAS LTD をプレゼントします。

ローマクラブ
新世界秩序のシンクタンク

20世紀に起こった数々の悲劇的、爆発的な出来事は、それ自体で起こったのではなく、確立されたパターンの中で計画されたものであった....

ジョン コールマン

これらの偉大なイベントの企画者、制作者は誰なのか？

OMNIA VERITAS. OMNIA VERITAS LTD をプレゼントします。

ジョン コールマン

陰謀者たちの階層
300人委員会の歴史

この神と人間に対する公然の陰謀は、ほとんどの人間を奴隷にすることを含んでいる...。

OMNIA VERITAS. OMNIA VERITAS LTD をプレゼントします。

嘘による外交
英米両政府の裏切りに関する記述

ジョン コールマン

国連創設の歴史は、欺瞞の外交の典型的な事例である。

OMNIA VERITAS LTD をプレゼントします。

アメリカとの麻薬戦争

ジョン コールマン

麻薬密売が根絶できないのは、その経営者が世界で最も儲かる市場を奪われることを許さないからだ......」。

この忌まわしい商売の真の推進者は、この世界の「エリート」たちである。

OMNIA VERITAS LTD をプレゼントします

石油戦争

ジョン コールマン

石油産業の歴史的な記述は、「外交」の紆余曲折を経て、私たちに迫ってくる。

各国が欲しがる資源を独占するための戦い

OMNIA VERITAS LTD をプレゼントします。

ジョン コールマン

社会主義世界秩序の独裁者

この数年間、私たちがモスクワの共産主義の悪に注目している間、ワシントンの社会主義者たちはアメリカから盗むことで精一杯だった......」。

"ワシントンの敵はモスクワの敵より怖い"。

21世紀になって、フリーメイソンは秘密結社というより、「秘密の社会」になってしまった。

フリーメイソンのすべて
ジョン コールマン

フリーメイソンとは何かを解説した一冊

ロスチャイルド家
ジョン コールマン

歴史的な出来事は、しばしば「隠された手」によって引き起こされる…。

タヴィストックがいなければ、第一次世界大戦も第二次世界大戦もなかったでしょう。

タヴィストック
人間関係研究所

アメリカ合衆国の道徳、精神、文化、政治、経済の衰退を形成する

ジョン コールマン

タヴィストック人間関係研究所の秘密

www.ingramcontent.com/pod-product-compliance
Lightning Source LLC
Chambersburg PA
CBHW071118280326
41935CB00010B/1048